高校财务管理与
绩效评价研究

薛玮渭◎著

吉林大学出版社

·长春·

图书在版编目(CIP)数据

高校财务管理与绩效评价研究 / 薛玮渭著.--长春：吉林大学出版社，2023.5
ISBN 978-7-5768-1755-3

Ⅰ.①高… Ⅱ.①薛… Ⅲ.①高等学校－财务管理－研究－中国 Ⅳ.①G647.5

中国国家版本馆 CIP 数据核字(2023)第 103385 号

书　　名	高校财务管理与绩效评价研究
	GAOXIAO CAIWU GUANLI YU JIXIAO PINGJIA YANJIU
作　　者	薛玮渭
策划编辑	张维波
责任编辑	柳　燕
责任校对	曲　楠
装帧设计	繁华教育
出版发行	吉林大学出版社
社　　址	长春市人民大街 4059 号
邮政编码	130021
发行电话	0431-89580028/29/21
网　　址	http://www.jlup.com.cn
电子邮箱	jldxcbs@sina.com
印　　刷	三河市腾飞印务有限公司
开　　本	787×1092　1/16
印　　张	12.5
字　　数	200 千字
版　　次	2023 年 5 月　第 1 版
印　　次	2023 年 5 月　第 1 次
书　　号	ISBN 978-7-5768-1755-3
定　　价	78.00 元

版权所有　翻印必究

前 言
PREFACE

当前,我国高等教育正处在迅速发展的时期,高校也在不断扩大办学规模、提高办学层次、增强学校影响力。与此同时,随着高校办学自主权的逐步增强,高等教育成本正在持续上升,高校的支出也在大幅增加,问题也随之显现。高校财务管理绩效评价指标体系和评价机制的不健全、资源配置效率低、盲目的扩张引发的较高的财务风险,都要求我们加快完善高校财务管理绩效评价体系。

基于此,本书立足于高校可持续发展对财务管理的要求,结合当前高校财务管理及其绩效评价的现状,对高校财务管理绩效评价的相关理论进行了研究,旨在为我国高校财务管理能力的提升与高校财务管理体系的完善提供指导。

《高校财务管理与绩效评价研究》一书从高校财务管理的概述入手进行阐述,全书共七章,涵盖高校财务管理概述、高校预算管理研究、高校效益与成本管理研究、高校财务风险及预警改革创新、高校财务管理的创新发展、高校财务管理绩效评价的构建和高校财务管理绩效评价体系的具体应用。本书以高校财务中的财务管理和绩效评价为重点研究内容,以财务管理为宏观主题,深入探究高校财务管理的前沿理论。

本书内容框架完善,每一个章节都做了详细的阐述与分析。为高校财务管理与绩效评价研究建构了可资借鉴的理论框架。本书可作为高校师生教学用书或参考书。

  由于时间仓促,加之笔者能力有限,书中的不足之处在所难免,望广大读者批评指正。

编者
2023.3

目 录
CONTENTS

第一章　高校财务管理概述 …………………………………………………… 1
　　第一节　高校财务管理的目标 …………………………………………… 2
　　第二节　高校财务管理内容及特点 ……………………………………… 5
　　第三节　高校财务管理的理论依据 ……………………………………… 8

第二章　高校预算管理研究 …………………………………………………… 15
　　第一节　预算管理概述 …………………………………………………… 16
　　第二节　高校预算管理概述 ……………………………………………… 18
　　第三节　高校预算管理的现状及分析 …………………………………… 21
　　第四节　高校预算管理改进建议 ………………………………………… 32

第三章　高校效益与成本管理研究 …………………………………………… 47
　　第一节　教育成本、效益与成本管理概述 ……………………………… 48
　　第二节　高校教育成本的界定及核算 …………………………………… 60
　　第三节　高校教育成本控制 ……………………………………………… 71
　　第四节　控制高校成本不效益的路径选择 ……………………………… 83

第四章　高校财务风险及预警改革创新 ……………………………………… 97
　　第一节　高校财务风险概述 ……………………………………………… 98
　　第二节　高校财务风险预警指标体系的构建 …………………………… 101

第五章　高校财务管理的创新发展 ································· 119

  第一节　高校财务管理创新的必要性 ···························· 120
  第二节　高校财务的供给侧改革 ································ 127
  第三节　高校财务的信息化管理 ································ 136

第六章　高校财务管理绩效评价的构建 ··························· 145

  第一节　高校财务绩效评价的制约因素及应对策略 ················ 146
  第二节　高校财务绩效评价指标体系的构建 ······················ 148
  第三节　高校财务人员绩效评价体系的构建 ······················ 152
  第四节　高校财务绩效综合实力评价 ···························· 156

第七章　高校财务管理绩效评价体系的具体应用 ··················· 169

  第一节　高校预算资金使用控制与绩效评价 ······················ 170
  第二节　高校财务预算绩效评价与激励机制 ······················ 173
  第三节　高校预算支出绩效评价体系研究 ························ 177
  第四节　高校绩效评级与财务管理的关系 ························ 182
  第五节　高校固定资产管理绩效评价 ···························· 184

参考文献 ·· 189

第一章
高校财务管理概述

第一节　高校财务管理的目标

一、高校财务领导体制及管理机构

要做好高校财务管理工作，必须首先弄清高校财务的领导体制。对于高校"校长负责制"的领导体制，国家有明确的法律规定，高校是没有自主决定权的。因此，高校财务领导体制必须与高校领导体制一致，在统一的领导体制下，财务管理工作的具体管理办法和管理措施可以根据最优原则来选择。

（一）管理层财务领导体制的相关规定

高校财务管理工作校长负责制，是由法律赋予校长的职责。

《中华人民共和国高校教育法》明确规定："国家举办的高等学校实行中国共产党高等学校基层委员会领导下的校长负责制。"

《中华人民共和国会计法》规定："单位负责人对本单位的会计工作和会计资料的真实性、完整性负责。"

《高等学校财务制度》提出："高等学校财务工作实行校（院）长负责制。符合条件的高等学校，应设置总会计师，协助校（院）长全面领导学校的财务工作……"

从以上相关法律法规可以看出，校长是学校的法定代表人，具有全面领导和管理学校各项工作的法定权力，是学校各项工作的总负责人。因此，为理顺财务关系，落实经济责任制，根据责权相结合的原则，高校的财务工作由校长负责。只有这样，校长才能及时了解财务工作状况，全程监控财务活动。

（二）管理层领导财务工作的实施形式

高校管理层领导财务工作的形式多种多样，主要由校长直接领导学校财务工作、学校领导班子共同管理学校财务工作、财经委员会管理学校财务工作、总会计师管理学校财务工作等。

1. 校长直接领导学校财务工作

校长直接领导学校财务工作，是指校长亲自负责全校的财务工作，并指挥财务部门具体管理财务工作，财务部门负责人直接向校长汇报财务工作情况。校长领导财务工作，财务部门负责人具体管理财务工作，这种校长负责制和财务处长管理制，是高校对学校财务进行管理的主要形式。

2. 学校领导班子共同管理学校财务工作

学校领导班子共同管理财务工作，即校长委托分管财务的副校长管理学校财务工作，委托分管学院及部门的副校长管理本学院及本部门的经济工作及预算资金使用等。在校长的领导下，学校领导班子共同管理学校财务工作也是高校管理层领导财务工作的一种主要形式。

3. 财经委员会管理学校财务工作

财经委员会管理学校财务工作，是指学校成立由校领导和相关部门经济管理人员组成的财经委员会，协助校长管理学校的财务工作。相对来说，财经委员会由懂经济的人员组成并实施管理，从理论上讲对学校财务工作的管理更为有利。

4. 总会计师管理学校财务工作

总会计师管理学校财务工作，即由总会计师协助校长全面管理学校的财务工作。《总会计师条例》中对总会计师的定位为："总会计师是单位行政领导成员，协助单位主要行政领导人工作，直接对单位主要行政领导人负责。""凡设置总会计师的单位，在单位行政领导成员中，不设与总会计师职权重叠的副职。"

总会计师制度是中国经济管理的重要制度，在高校教育未普及前，高校的资产和收支总量不大、经济业务比较简单，财务管理的主要任务是管理好、使用好经费，所以高校总会计师制度没有得到重视和推广。随着我国市场经济的完善和高校的发展，对财务管理专业人才的需求越来越迫切，客观上要求高校加快财务管理专业化的进程。在这样的背景下，2011年教育部、财政部颁布实施了《高等学校总会计师管理办法》，高校总会计师制度得到了前所未有的发展，总会计师管理高校财务工作成为未来的主要形式。

（三）财务管理机构的设置

财务领导体制确立后，管理层必须设置财务管理的机构，负责日常财务工作管理。根据高校财务管理制度的要求，高校管理层必须单独设置财务处作为一级财务机构即校级财务机构，在校长负责制和管理层的领导下，统一管理学校的各项财务工作。因工作原因，需要设置二级财务机构的，财会业务必须由一级财务机构统一领导、监督和检查。

二、高校财务管理活动的目的

高校财务管理目标是高校在组织财务管理活动中所要达到的目的，明确高校财务管理的目标是做好高校财务管理工作的前提。

高校财务管理目标具有自身的独特性，它不是一个独立存在的目标，而是以高校发展总体目标为前提，在高校发展总体目标的框架内，确定为高校发展服务的财务方面的具体管理目标。因此，高校财务管理目标不是一成不变的，而是随着高校发展目标的变化而变化，但基本的管理目标是确定的。高校是公益性的教育事业单位，服务于国家的经济社会发展，提供教育公共产品，根据高校的特点，高校财务管理的目标有以下几个方面。

（一）以建立有效运行的财务管理系统为基本目标

建立运行有序、管理有效的财务管理和控制系统是高校财务管理的基本目标。建立健全内部管理制度，采取有效的控制措施是做好高校财务管理工作的前提，一个运行有效的高校财务管理系统是高校正常运转的保障。如果财务管理一片混乱，实现财务管理的其他目标就无从谈起，高校的正常运转也会受到影响，所以建立运行有效的财务管理系统是高校财务管理的基本目标。

（二）以高校筹资最大化为主要目标

筹资最大化即筹集高校发展所需要的资金最大化，也是高校财务管理的主要目标。筹资是通过各种渠道和方式筹措资金的财务管理活动，与"追求利润最大化"的企业财务管理目标不同，高校不是经营单位而是教育事业单位，"筹资最大化"才是高校财务管理的目标。总体来说，高校的资金来源以政府投入、学费收入为主，其他收入为辅。学费是政府审批的事业性收费项目，由高校收取用来补充教育经费的不足，是筹资的重要组成部分，但受学费标准和学生人数的限制。其他筹资项目，如社会投资助学等，筹资的范围更为广泛。高校应该积极争取政府各项专项资金和社会的捐资助学，以达到筹资最大化的目标。

(三)资金使用效益最大化为终极目标

资金使用效益最大化,即高校筹集的资金发挥最大的使用效益,这是高校财务管理的终极目标。如果资金使用不做效益评价,盲目或随意支付资金导致资金大量浪费,那么筹资再多也是无济于事的。资金使用首先要保障高校的正常运转,其次要服务于高校发展大局,将资金重点投放到学校规划和优先发展的项目上,同时必须进行资金使用效益评价,投放一个项目成功一个项目,才能实现资金使用效益最大化的目标。

第二节 高校财务管理内容及特点

一、高校财务管理内容

高校财务控制内容是在实现高校财务管理目标的过程中,对经济活动内容所实施的控制。高校财务管理内容包括对资金筹集、分配、使用的管理,涉及预算、实施、决策、控制、分析、监督管理等环节。财务控制思想贯穿在财务管理的整个过程中,管理过程中有控制的思想,控制过程中有管理的内容,财务管理与控制是不可分割的整体。

高校财务管理作为财务管理的一个分支,具有财务管理的共性,但也有其自身的特性。高校财务管理是高校组织本单位的财务活动,是处理各种财务关系的一项经济管理工作。高校财务活动是高校资金收支活动的总称,包括资金的筹措、使用、节余等。高校财务管理的内容就是对资金的筹集、使用、分配进行管理。高校财务管理活动与高校日常管理紧密联系。财务管理的好坏,直接体现了高校管理水平的高低。高校财务活动的内容主要包括以下几点。

(一)高校筹资活动

资金的筹集渠道主要有财政拨款、向主管部门申请各类专项资金、收取学费及筹措其他各种收入等。这项管理内容涉及资金收入预测和实施环节,即对筹集的资金项目和筹资总额进行预测,并对预测行为付诸实施,以取得实际的筹资收入。高校通过财政收入、学费收入、科研服务收入、金融机构借款等方式筹措资金，支持教学科研活动。同时，高校还要支付利息、偿还借款和各种费用。这种资金的收支就是高校的筹资活动。筹资活动是高校一项重要的财务活动，对高校的基本建设及后勤保障都具有十分重要的意义。

(二)高校日常活动引起的财务活动

高校在日常管理中需要向教职员工支付报酬，发生各种耗费，形成资金的支出，也为社会提供各种服务从而取得相应的收入。这些资金的收支就是高校在日常管理中形成的财务活动。日常的财务活动构成了高校财务管理活动的基础内容，是高校财务管理的一个重要方面。

二、高校财务管理特点

在新形势下，高校财务管理有其时代性，呈现出新的特点，即经济活动多样化、核算体系复杂化、筹资渠道多元化和财务管理规范化。

(一)经济活动多样化

在新形势下，随着高校法人地位的确立，学校为了生存和发展，在开展教学的同时，加大了科研项目、技术开发、咨询服务和生产经营等各项经济业务活动的力度，使得高校财务管理增添了新的内容。为了配合信息公开化的要求，满足各经济利益主体的需要，高校更加注重成本效益管理。这对财务管理的精细化提出了更高的要求。

(二)核算体系复杂化

高校财务内容包括事业单位财务、企业财务、商业财务等内容，由于高校资金来源渠道多元化、多层化，以及经济活动多样化，后两者占据财务内容的比例还将会逐步扩大。多元化资金来源使得高校办学成本越来越受到社会的关注。高校也会更加注重教、科、研活动中的成本效益管理，对会计核算提出更高的要求。高校财务管理的目标也从单一的以资金收付核算为中心的记账式微观管理，转向以微观管理为基础，重点解决资金筹措、调拨，以及提高资金使用效益等宏观经济管理的轨道上来，依据高校资源市场规则，树立经营学校的理念，为学校发展创造良好的经济环境。

(三)筹资渠道多元化

随着经济社会的发展和高校独立法人地位的确立，高校教育体制发生了转变，促进了高校经费来源渠道和投资主体的多元化和多层化格局的形成。高校除了积极争取国家、各级政府及主管部门的经费拨款与补助以外，还依靠拓展办学模式、开展科技协作、转让科技成果、吸纳社会捐赠、获取偿还性贷款等各种方式进行筹资。目前，我国高校已基本上形成了通常所说的"财、费、税、产、社、基、科、贷、息"九个教育经费来源渠道，形成了多元化、多层次的筹资格局。

(四)财务管理规范化

高校应在遵守国家财经法规、政策和制度的前提下，建立和健全适合学校具体情况的规章制度。科学编制预算，加强预算管理，把高校全部收支作为预算统一管理，整个学校一盘棋；财务支出普遍实行"一支笔"审批制度，集中校内各级各单位的财权及其责任；加强财务管理，维护财经纪律，严格、合理地执行经费预算，提高资金使用效益，确保高校发展计划的顺利进行；在网络信息环境下，计算机普遍应用，会计电算化普遍实行，这使财务数据的取得更加全面、快捷、简单、准确，使高校财务管理系统更加规范；各高校根据主管部门要求，按照统一格式填报各类报表，促使高校财务报告规范化；在校长负责制的基础上，健全校内各级经济责任制度，成立财经领导小组，对一些涉及学校发展的重大决策问题，通过财经领导小组人员集体决策；建立高校贷款风险预警机制，成立专部门或安排专人负责贷款管理工作；确定财务处为全校财务管理的职能部门，配备具有相应会计专业技术职称的财会人员，加强财务队伍的建设和财会人员的职业道德修养，注重培训等。

第三节　高校财务管理的理论依据

一、权变理论

(一)权变理论的含义

权变理论是 20 世纪 60 年代末 70 年代初在经验主义学派基础上进一步发展起来的管理理论，是西方组织管理学中以具体情况及具体对策的应变思想为基础形成的一种管理理论。

权变理论的兴起有其深刻的历史背景。20 世纪 70 年代，美国社会经济动荡不安，政治骚动达到空前的程度，石油危机对西方社会产生了深远的影响，企业所处的环境很不确定。以往的管理理论，如科学管理理论、行为科学理论等，主要侧重于研究加强企业内部组织的管理，并且这些理论大多都在追求普遍适用的、最合理的模式与原则。当企业面临瞬息万变的外部环境时，这些理论却显得无能为力。正是在这种情况下，人们不再相信存在一套最佳的管理方式，而是必须因地制宜地处理各种管理问题。于是形成一种管理取决于所处环境状况的理论，即权变理论。它在美国一兴起，就受到了广泛的重视。

权变理论认为，每个组织的内在要素和外在条件各不相同，因而在管理活动中不存在适用于任何情景的原则和方法，即在管理实践中要根据组织所处的环境和内部条件的发展变化随机应变，没有一成不变的、普遍适用的管理方法。成功管理的关键在于对组织内外状况的充分了解和有效的应变策略。

权变理论的核心是指世界上没有一成不变的管理模式。管理与其说是一门理论，不如说是一门实操性非常强的技术；与其说是一门科学，莫不如说是一门艺术，权变管理能体现出艺术的成分。一个高明的领导者应是一个善于应变的人，即根据环境的不同及时变换自己的领导方式。权变理论告诉管理者应不断地调整自己，使自己不失时机地适应外界的变化，或把自己放到一个适应自己的环境中。

作为一种行为理论，权变理论认为根本没有所谓的最好的办法去组织企业、领导团队或者制定决策。组织形式或领导风格在某种情况下效果卓著，若换一种情况可能就不那么成功。换句话说，这种组织形式或领导风格依赖于组织内部或外部的因素。

(二)权变理论与高校财务管理

联合国教科文组织在1998年世界教育报告中指出："当今世界是一个全面变革的世界，以知识为基础的社会正在形成。"高校是一个系统工程，在这个系统中，管理对象在不断变化，管理理论和技术也在不断发展。这不仅指高校管理所遵循的教育学、教育管理学等理论在发展，而且与高校管理理论有关的其他学科，如系统论、控制论、信息论、电子计算机理论等，也在不断地充实高校管理理论。

权变理论的核心是实行动态管理，认为不存在一成不变的、无条件适用一切组织的最好的管理，强调用发展的眼光看待管理。在高校管理中，权变理论蕴含的动态精髓有3个基本观点：管理无最佳模式，即对学校的组织和管理，不存在一种最好的通用办法；情景管理，即在一个特定的情景中，并不是所有的组织和管理的方法都是同样有效的，效率有赖于结构设计或方式是否适合一定的情景；具体问题具体分析，即组织设计和管理方式的选择，必须建立在对情景中的重大事件进行细致分析的基础上。因此，在权变理论原则下，高校管理必须不断改革、创新，各项改革不仅应切合实际、适应社会的需要，而且应符合灵活性，学校的目标、政策、计划、程序具有灵活性才能使变革顺利进行。同时还要符合稳定性，变革要循序渐进，以保持组织和管理系统的稳定性，在动态中随机进行调整。

随着高校教育体制的改革，学校的投资主体已经从过去单一的财政拨款变成以国家投资为主的多元化投资主体，高校教育的本质属性也由过去的非营利性、公益性，延伸到了产业性。市场经济的确立，一方面为高校开辟了多渠道、多领域的多元化筹资渠道，另一方面又使高校面临着高风险、高收益的复杂局面。高校作为非营利性的事业单位决定了学校既不能全部依靠举债来发展，也不能过分扩张陷入破产，但同时又要面对规模发展与经费短缺的矛盾。高校在这种背景与局面下，应该建立一种合理的财务管理模式，以更有效地利用有限资源。

二、委托代理理论

(一)委托代理理论的起源

委托代理理论是过去几十年中制度经济学的最重要发展理论之一,它是20世纪60年代末至70年代初一些经济学家深入研究企业内部信息不对称和激励问题发展起来的,被广泛地应用于企业分析,目前正逐渐被应用于社会科学的各个领域。委托代理理论的中心任务是研究在利益相冲突和信息不对称的环境下,委托人如何设计最优契约激励代理人。

从思想渊源上看,委托代理理论最早可以追溯到亚当·斯密(Adam Smith)。他在《国富论》中认为,股份公司中的经理人,使用的是他人而不是自己的财富,不可能期望他们像公司合伙人那样自觉地去管理企业,因此,在这些企业的经营管理中,或多或少地会出现疏忽大意和奢侈浪费的行为[①]。这实际上已经涉及代理问题,揭示出经理人员与投资者之间潜在利益的不一致性。到了20世纪初,伴随着规模巨大的开放型公司大量出现,委托代理问题变得更加突出。伯利(Adolf A. Borle)和米恩斯(Gardiner C. Mears)在《现代公司与私有财产》中写到,管理者权力的增大有损害资本所有者利益的危险[②]。他们认为,由于发生了所有权与控制权的持续分离,可能会使管理者对公司进行掠夺。从此,许多经济学家开始研究委托人如何才能有效地控制和监督代理人,即经理人员的行为。

(二)委托代理理论的基本观点

委托代理问题存在的根本原因是信息不对称。委托代理关系是伴随着经济发展和专业化分工而产生的一种契约关系。如果这种契约关系满足两个条件,即委托人和代理人共同分担公司经营的风险和不存在隐藏信息,那么这一契约将会是最优契约,也不会产生代理问题。但现实情况是,委托人和代理人之间,由于目标函数不同和非对称信息的存在,往往使最优契约条件无法满足,从而产生代理问题,即委托人承担了因代理人行为产生的全部风险。

---

① 亚当斯密. 国富论. 上卷[M]. 西安:陕西人民出版社,2001.
② 伯利. 现代公司与私有财产[M]. 北京:商务印书馆,2005.

在信息对称的情况下，代理人的行为可以清楚地被委托人观测到，代理人可以预见到委托人将会依据观测结果对其实行奖惩，所以会约束自己的行为，因而不会产生代理问题。但在信息不对称的情况下，委托人不能凭代理人的行为对代理人进行评价，因为委托人观测到的只是代理人的行为变量，而这些变量掺杂了代理人的自身行动和代理人外部的随机因素，导致委托人无法恰当区分代理人行为是由于其自身原因产生，还是由于外部因素影响产生的。于是，委托人只能通过激励合同的设计来实现自己的预期期望。

一般认为，公司内部存在的委托代理关系是股东（所有者、委托人）与经理层（经营者、代理人）之间的关系，但其实委托代理关系存在于每一管理层级，公司实际上是多重委托代理关系的集合体。为了降低代理成本，委托人会采取必要的监督和保证措施，如审计、规范控制系统、预算限制和激励制度等。

（三）委托代理理论与高校财务管理

在我国高校管理中存在着两组相互联系的委托代理关系：其一是上级主管部门与高校之间的委托代理关系，由于信息不对称，高校的利益随着改革的进行产生了独立的利益，高校作为上级主管部门的代理人与上级主管部门利益不一致；其二是高校内部上级与下级之间存在委托代理关系，学校是委托人，二级单位是代理人。因此，我国高校财务管理体制改革的核心是一方面要使高校管理者以最大的自主权管理好高校，另一方面又要保证国家的利益，对高校管理者进行有效的监督和约束。

在高校财务管理中要建立健全有效的激励约束机制，要坚持权、责、利相统一的原则，最大限度地调动代理人的积极性，在发挥其主观能动性的同时，又保证其行为目标与委托人的要求相一致，避免和消除代理人利用职权和信息优势谋取私利。

高校的报酬激励机制由固定工资、岗位津贴、奖金等组成。固定工资作为较为稳定可靠的收入，起到了基本保障作用，满足了高校工作人员规避风险的愿望和要求，但固定工资所起的激励作用较弱。奖金有一定的风险，它与代理人的"德、能、勤、绩"相联系，有较强的激励作用，但易导致短期行为。岗位津贴若配以合理的考核，结合固定工资与奖金的优点，就能更好地发挥激励作用。

现代公司制企业中的法人治理结构，通常建立由股东大会、董事会、经理人员和监事会构成的权力相互分离和制衡的机制。这种机制体现了所有者及其他利益相关者对高层经理人员的要求,形成了高层经理人员的组织监督约束机制,这种约束既表现为诸如《公司法》之类的法律约束,也表现为公司章程、内部管理制度等的管理约束。与此相类似,高校管理体制的创新必须逐步建立起较为完善的内部监督约束机制,通过教育立法和建立完善可行的规章制度管理条例,在上级政府与高校之间、高校内部各职能部门之间、各职能部门与教职工之间建立起权力相互分离又相互制衡的监督约束机制。

三、集权和分权理论

(一)集权和分权理论的含义

西蒙(Heirbert A. Simen)认为一个组织中集权和分权的问题不能脱离决策过程而孤立存在,有关整个组织的决策必须是集权的,同时,由于一个组织内决策过程本身的性质,分权也是必需的[①]。关于直线人员同参谋人员的关系问题,西蒙认为应从决策过程的观点来看,但他不同意"只有直线指挥人员才有权做出决策"这一观点。

(二)集权和分权理论与高校财务管理

长期以来,我国高校的财务管理实行的是集权制,财务的决策权集中在校级。学校把各项资金分类拨发给各学院,学院几乎没有灵活使用资金的权力,这不利于各学院办学的积极性。但过于下放权力又可能导致各自为政,因此分权的前提条件是在统一的领导下,即在严格遵循学校统一的财政方针政策、财政收支计划和财务规章制度的基础上给学院以下几个方面的管理权:在学校统一财务收支计划下,学院有权对学校下发的预算经费和分配的资源进行统筹安排和使用;在学校统一财务规章制度下,学院有权制定财务规章制度的实施办法;在学校统一财会业务领导下,学院有权管理本级会计事务。对于高校是采取统一领导、集中管理,还是统一领导、分级管理的财务体制,应与本校的性质、规模以及人力、财力、物力相适应,根据自身的财务状况形成适合自身的财务管理体制。

---

① 西蒙. 现代决策理论的基石[M]. 北京:北京经济学院出版社,1989.

四、管理幅度理论

(一)管理幅度理论的含义

管理幅度(亦称控制宽度),指向管理者直接汇报的下级人数,涵盖计划、组织和领导职能。管理幅度是古典管理学派首先提出的。英国管理学家林德尔·厄威克(Lyndall F. Uruick)在20世纪30年代系统总结了泰勒、法约尔、韦伯等古典管理学派代表人物的观点,归纳出组织管理工作的八项原则,其中之一就是"管理幅度原则"。他在这一原则上指出,管理幅度是有限的,还提出了普遍适用的数量界限,即一个上司直接领导的下属不应超过5~6人[①]。现代组织理论与设计吸收了各时期、各学派和各方面的研究成果,确立了关于管理幅度设计的科学指导思想。概括起来就是管理幅度是有限的;有效管理幅度不存在一种普遍适用的、固定的具体人数,它的大小取决于若干基本变量,也就是影响因素。其影响因素有管理者和被管理者的工作能力、工作内容和性质、工作条件、工作环境等。有效的管理幅度和管理层次取决于企业组织所处的状态和他们的影响因素;组织设计的任务就是找出限制管理幅度的影响因素,根据其大小,具体确定特定企业各级各类管理组织与人员的管理幅度。

(二)管理幅度理论与高校财务管理

管理幅度理论同样可以运用于高校领域,在高校管理体制改革之前,由于其功能不全,规模较小,人员少,管理比较容易,这时大多都采用"统一领导,集中管理"的高度集权的管理体制。与此相适应,高校实行高度集中的财务管理体制,财务的所有权和使用权在校级部门。这种财务管理体制与当时高度集中的计划经济体制相适应,对于高校集中资源办大事,加强对下属单位的宏观调控起到了积极作用,促进了高校各项事业的发展。高校扩招以后,高校组织规模不断扩张,高校学院设置增多,校级机关面临的管理事务也更加复杂。在这种情况下,若学校仍事无巨细地高度集权来计划、领导、控制、决策组织的一切事务,不仅客观条件不允许,而且效率也会非常低。这时出于加强管理的需要,高校必须调

---

① 孙毅. 浅谈管理幅度[J]. 现代企业,1994(9):2.

▶ 高校财务管理与绩效评价研究

整管理幅度,增加管理层次,实现管理重心下移,使高校下属机构学院成为具有财务权、人事权的实体单位。校院两级财务管理改革的目的,就是如何在学校和学院之间分配财权,一方面有利于加强高校对学院的调控,另一方面使学院成为自主理财实体,增强其理财的积极性和创造性,从而实现"宏观调控,微观搞活",提高学校资金的使用效率。这一切都要借助于高校内部组织结构的重新设计和内部功能的重新划分,变集中管理为分权管理。

第二章

高校预算管理研究

预算管理贯穿高校资金筹集、分配和使用的全过程，是高校财务管理的重要组成部分。当前，随着高校教育体制改革的不断深入，高校经费的收支规模逐渐增大，收支结构日趋复杂，资金供求矛盾日益突出。以认识目前教育市场环境及现行高校预算管理体制的特点为基础，把目标管理、部门预算有机结合起来，建立以目标为指引、以预算为主线、以部门为基础、以项目为单元的完善的预算管理体系，对推进我国高校教育事业的健康快速发展具有重要的意义。

第一节 预算管理概述

一、预算管理的定义

《辞海》中将预算定义为"经法定程序批准的政府、机关、团体和事业单位在一定期间的收支预计"。不过预算和传统意义上简单的收支预测不同，它是对资源投入及产出的内容、数量、时间进行详细安排和具体说明的综合性分配计划。预算是行为计划的量化，数字化表达方式是预算最基本的形式，预算有助于管理者协调、贯彻计划，是一种重要的管理工具。预算管理是预算和管理的结合，是将预算应用于企事业单位的管理实践中，由预算决定应该做什么，由管理说明该怎么去做。在市场经济条件下，预算管理必须以市场为前提。

二、预算管理的特点

预算管理为实现会计主体的经济管理目标整合了所有经济资源，主要有以下特点。

（一）计划性

预算是对未来一段时间内预算主体收支情况的一种预计。预算管理有助于管理者在全面考虑预算期间内可能存在问题和环境变化趋势的基础上，通过规划具体的行为来确定可行的管理目标，采取措施，控制偏差，保证计划目标的实现。

（二）全局性

总体预算往往是预算主体部门预算的汇总，需要管理者从全局考虑确定预算的内容。同时，预算是一种有效的沟通手段，涉及预算主体的各个部门，从预算编制的组织到预算执行、预算评价，各部门必须协商沟通，密切配合。预算管理的全局性有利于使预算得到更好的计划和执行。

（三）可考核性

预算使用数字进行表达，具有可考核性。预算管理的数量化标准便于寻找预算执行结果和标准之间的偏差，可以作为考核的依据。另外，对差异的分析是发现管理上存在缺失和漏洞的根源，有助于管理的改进。

（四）指导性

预算管理中的每个环节都应具有指导性。预算编制在参考预算主体各项事业发展需要的前提下进行综合平衡，编制完成后应充分发挥其指导作用。年末，应对本年度的预算执行情况深入分析，为下一年预算编制提供依据及经验，逐渐提高预算管理中预测的精确性。

（五）约束性

在预算管理中，每个环节与程序都具备约束力。预算一旦编制完成，不得随意更改和调整。在现实生活中，需要提高预算管理的法律地位并对预算管理进行全面有效监督，以加强预算管理的约束力。

（六）权威性

预算管理是一项严肃的工作，从预算编制到预算审批，从预算指标的控制到预算项目的调整，都必须强调预算管理的权威性。预算主体应严格落实财务决策、规范财务制度、加强财务控制以保证预算管理的有效执行。预算一经确定，在单位内部就具有"法律效力"，任何人和任何部门都不得擅自更改。同时要规范收支的审批程序，明确预算支出的范围、内容和限额，对超限额项目须报主管领导审核批准，对确需增加的额外支出应首先调整预算，照章办事，保持预算管理的权威性。

第二节　高校预算管理概述

一、高校预算管理的定义

《高等学校财务制度》(财教(2012)488号)中将高校预算管理定义为:"高等学校根据事业发展目标和计划编制的年度财务收支计划。"高校预算管理是学校各二级单位日常部门收入、支出的主要依据,是高校资源分配的具体体现,也是学校规模和发展动态的货币反映。

高校预算管理是财务管理的重要内容,其主要由收入预算及支出预算两个重要部分构成。预算管理贯穿高校财务活动的全过程,包括预算编制、预算执行、预算控制、预算评价四个环节。通过预算编制,明确工作目标;通过预算执行和控制,逐步实现并优化工作目标;通过预算评价,分析成果和目标之间的差距,为未来预算的编制提供信息。

二、高校预算管理的分类

(一)根据内容划分

根据内容将高校预算管理划分为收入预算管理和支出预算管理。

收入预算管理是指高校对年度内各种形式及渠道可能取得的,可用于进行教学、科研及其他活动的非偿还性资金的收入计划及其管理,具体包括上级补助收入、财政补助收入、教育事业收入、科研事业收入、经营收入、附属单位上缴收入和其他收入预算管理。收入预算管理是完成高校事业项目计划的保证,体现了高校经费来源结构。

支出预算管理是指高校对年度内用于开展教学、科研及其他活动的支出计划及其管理,具体包括事业支出、经营支出、对附属单位补助支出、上缴上级支出和其他支出预算管理。支出预算管理反映了高校的资金规模、发展方向和发展力量。

收入预算管理和支出预算管理两者互相依存,共同组成学校的预算管理。

（二）根据范围划分

根据范围将高校预算管理划分为校级预算管理和所属各级预算管理。

校级预算管理是指高校除国家和地方政府拨付的基本建设资金和独立核算的校办产业经营支出以外的全部资金收支计划及其管理。校级预算管理的核算直接反映学校预算收支执行情况。

所属各级预算管理是指包含于校级预算之内的，由学校下属各级非独立核算单位及部门编制，或具有特定用途的项目资金收支计划及其管理。它包含学校所属各级非独立核算单位或部门的预算管理和具有特定用途项目资金的收支计划管理，如科研项目经费预算管理、捐赠收入预算管理。

三、高校预算管理的职能

随着预算管理理论的不断发展，预算管理的实践也得到了进一步的深化和完善，当前高校预算管理的职能主要包括如下内容。

（一）规划职能

预算管理以学校管理者对高校的发展预测为基础，预测能够反映高校事业的发展规划。预算的编制使高校的规划成为计划，并通过预算的执行得以实现，这体现了预算管理的规划职能。

（二）协调职能

预算管理的协调职能主要体现在以下几方面。

第一，要实现预算总目标，各个部门的预算及其所属的其他分支预算之间必须相互协调、配合密切。

第二，预算将各部门联结在一起，合理配置资源，使高校利用有限的资源获得最大的经济效益。

第三，高校需要及时调整各项事务安排以适应外界环境的变化，以便更好地执行预算。

（三）控制职能

在预算管理过程中，控制职能作为基本职能链接整个管理过程。预算编制属于事前控制，预算执行属于事中控制，预算差异的分析属于事后控制。

四、高校预算管理的原则

高校预算管理总体上应当遵循"量入为出、收支平衡"的原则，收入预算上坚持"积极稳妥"的原则，支出预算上坚持"统筹兼顾、保证重点、勤俭节约"的原则。

（一）预算管理总体上贯彻"量入为出、收支平衡"的原则

"量入为出、收支平衡"是预算管理中收支预算的基本要求，"效率优先，兼顾公平"是预算管理中合理分配预算资源的依据和标准。学校预算资源的安排在效率优先原则的基础上，还要兼顾公平，在预算分配过程中必须立足于全局考虑。

（二）收入预算坚持"积极稳妥"的原则

抓住当前教育发展的有利时机，挖掘潜力，积极拓展资金来源，增加收入。预算编制时，按照相关规定将学校所有收入列入预算，不遗漏，也不高估，并且充分考虑影响收入的各项因素，做到不漏算、不重复，贯彻"积极稳妥"的原则，做到收入预算项目明确、数字准确。

（三）支出预算坚持"统筹兼顾、保证重点、勤俭节约"的原则

高校支出预算以收入为基础，必须量力而行，不能超出学校的综合财力编制赤字预算。编制的每个预算项目数据要有客观依据，要充分体现学校的办学方向和各学科差异，适应学校未来发展需要。在一切从实际出发，厉行节约、勤俭办事的前提下，分清主次、统筹兼顾、保证重点，合理地安排使用各项资金，发挥资金的最大使用效益。

第三节 高校预算管理的现状及分析

一、高校预算管理存在的问题

伴随着我国高校教育的改革与发展，越来越多的高校认识到预算管理的重要性，并在预算编制、预算控制等方面取得了一定的成果。但是高校对预算管理仍存在很多认识和实践上的盲区，如缺乏完善的预算管理体系、对高校预算管理的认识不够全面等。一些高校在预算编制时仍然沿用粗略的估算方法，预算的执行也存在比较大的随意性，频繁增减预算项目，认为对预算执行结果没有考核和总结的必要等。

（一）预算编制中存在的问题

1. 预算编制缺乏前瞻性和科学性

长期以来，高校主要以以前年度的日常收支作为预算编制的基本标准，并适当考虑影响收支的因素，凭经验而定，缺乏可靠的基础和规范的方法，缺乏科学的分析预测，只是在既定的收支之间安排资金，没有很好地将预算编制与学校未来收入能力的预测结合起来，缺乏前瞻性。这样就使得原先巧立名目、预算虚高的部门，资金更宽松有余，而未来可能获得高绩效的项目归属部门反而得不到资金支持，资金流向不合理，严重影响资金的使用效率。

另外，预算编制人员往往不参与学校战略规划的制定，对学校的发展方向不了解，对下年度的工作计划和学校复杂的业务活动知之有限；各部门之间缺少沟通；预算编制也很少让学校全体成员参与讨论，导致预算与学校发展战略的相关程度降低，无法实现预算的增值功能，不能实现学校资源的有效配置，阻碍了资源的共享。因而预算编制内容通常不够全面，失去了应有的科学性，预算目的扭曲。

各具体项目的预算编制往往缺乏必要的论证，诱发导向性错误。在人员经费预算的校内津贴部分，高校普遍根据教师完成的教学工作量、获得的科研经费数额、发表的论文数量、出版的学术专著、申请的专利数量、获得的教学科研奖励等来决定其应得校内津贴的数额。在实际工作中，这些考核标准很复杂，其不合理性滋生了学术腐败，导致科研成果数量增加的同时，质量下降。另外，不少高校采用综合定额的方法来确定公用经费预算，但对综合定额的制定缺乏充分的论证，导致综合定额的组成内容和计算动因不科学。对于项目支出的管理，在预算申报环节，虚报预算的现象十分严重。

预算编制的不科学还体现在对高校预算编制缺乏有效的监督上。预算编制是学校管理中的重大活动，学校各部门均应参与协调性论证，并对预算编制过程进行监督，而实际的预算编制过程主要由财务部门负责，缺乏有效监督，在预算中或多或少地出现了领导项目、关系项目。同时，由于缺乏科学的经费支出标准，预算编制部门只能主观核定支出，既不准确又比较严重地影响了预算安排的公平和效率。

2. 预算编制缺乏风险意识

目前，高校的预算管理一般只是收支预算管理，忽视了对一年中不同时段资金需要量与供给量差异的预算，忽视了筹资需求和筹资能力的预测，以致学校的发展规划与资金供求计划脱节，缺乏风险意识，不利于学校规划的实施。目前高校预算管理风险意识缺失主要表现为债务预算管理的不完善。随着高校规模的急剧膨胀，高校的银行贷款也快速增加，还款压力给高校造成了极大的经济负担，甚至出现学校年度剩余财力不足以支付贷款利息的现象。高校负债运营可能带来的财务风险在预算编制中缺乏体现，难以实现预算平衡。多校区办学的高校更是存在办学成本高、学校经费投入分散等弊端，抗风险能力较弱。

3. 预算编制内容不全面

当前，高校实行全校当年总收入和总支出的综合预算管理。理论上说，高校预算的编制应当具有综合性，更能反映学校资金运转的全貌。但是在实践中，由于高校资金来源渠道的不断增加，出于多种原因，高校某些院系、部门的资金并没有全部纳入高校预算体系，脱离了预算监督，形成了资金在高校预算管理控制外循环，容易滋生腐败和贪污，影响资金安全。纪检部门查处高校违纪经济行为的有关资料显示，高校的预算外资金主要包括：被有关专业系部截留的各类办学收入；各部门私下收取的学生有关服务费用和住宿费；按规定应该上缴学校的培训费和图书、教材折扣费；各部门应上缴学校的各项对内对外服务收入；出租、变卖学校资产设备的收入等。

高校在编制收入预算时,对于财政拨款、事业性收费和科研经费三类主要收入及其他收入预算也都难以做出准确估计。对于财政拨款而言,由于其每年指标下达的时间严重滞后于高校预算的编制时间,而且高校在预算执行过程中,追加财政拨款也是常见现象,导致高校无法正确估算财政拨款,使得预算收入的整体性受到影响;对事业性收费而言,高校预算编制的时间通常在年末,尚无法准确预算年度的入学学生的专业、人数及学费减免情况,导致无法准确估计学费收入,而只能在往年基础上进行增量预算,这往往与实际情况相差甚远;对于科研经费,高校在编制科研收入预算时,关于科研收入来源于哪里、是否能够实现、什么时候可以实现、科研项目的执行期多长、科研拨款是按进度还是按时间拨付等问题,通常给科研预算编制带来极大的不确定性。

支出预算的编制同样具有不确定性。虽然相对于收入预算而言,支出预算的可控性更强些,但是对于未来发生的支出,高校同样无法做出完整的估计。高校可以采用提留机动经费的办法来应对无法估计的未来支出,但又会面临机动经费的预算编制问题:机动经费不足,可能造成预算执行中无款可支的局面;机动经费过多,又会增加预算执行的随意性。

4. 预算编制方法不恰当

高校在编制预算时,基本上采用的是基数加增长的预算编制方法。这种编制方法操作简单,但不透明、不规范、不科学,更不符合公平原则。采用基数加增长的方法编制预算,在上年的预算基础上进行,这等于忽视了上年预算中不合理的部分,认定上年预算收支情况合理。这种方法固化了资金在校内各部门的分配比例,使得各部门盲目扩大预算规模,却不关注预算的执行情况,资金使用效率低下,浪费现象严重,甚至导致高校重要发展项目因得不到充足的资金而无法进行。

部分高校采用零基预算法编制预算。零基预算是企业预算编制的有效方法,是加强高校预算管理的一种尝试。目前在我国高校推行零基预算制度存在以下问题。

(1)编制零基预算要求机构设置精简,职责明确,以便于确定决策单位与控制一揽子决策的数量。目前我国高校的预算编制职能机构设置不合理,部门间职责、权限界限不清。在这种条件下采用零基预算编制法,会导致决策单位不明,可能在制定一揽子决策中出现偏差，使资金支出过大而使用效率低下。

（2）目前高校的零基预算只反映预算内资金的日常经费收支，不反映预算内安排的建设性支出和事业发展性支出，更不包括预算外资金和自有资金。

（3）编制基本支出预算时，由于取得的基础数据大部分来自各个部门和单位，因此数据不完整、不准确、不真实的情况时有发生；对于灵活性较强的项目，软指标不易确定，使得一揽子决策方案的制定和选择带有很大的主观随意性。

（4）零基预算编制过程烦琐，编制技术要求高，需要进行复杂的预算分析和数学模型构建，而且涉及大量的预算信息收集和处理工作，使得零基预算的可操作性大大减弱。

5. 预算编制时间不合理

充足的编制时间是保证预算编制质量的前提条件，但目前高校一般都是在十二月份才布置下年度的预算编制工作，一月份就要完成编制，全部时间不到两个月。时间的不充足导致预算项目论证不足，甚至重点项目也缺乏精确的分析数据。预算编制晚、时间短是导致预算编制不准确、不科学的重要原因，也必然形成预算执行中要求追加经费的局面，影响了预算管理的严肃性。

6. 预算编制人员不符合要求

预算编制是高校的重要工作之一，涉及各个部门和全体成员，各部门和教职工均应积极参与协调性论证。但现状是预算编制过程不公开、不透明；下属部门和教职员工对预算编制的重要性缺乏足够的认识，认为预算编制是学校领导和财务部门的事，对参与预算编制热情不高，对预算编制过程缺乏有效的监督。虽然预算编制涉及学校各部门和全体员工的利益，理应由大家共同参与、协调完成，但在实际工作中，一般由财务部门单独完成，导致预算安排中的某些不合理现象不能及时得到纠正，影响了分配的效率、公平和学校的发展。

另外，预算编制人员的素质良莠不齐也会对预算编制产生不利影响，导致同一经济内容的预算编制口径不相同，造成项目资金重叠投放。例如，不认真的预算编制人员在编制预算时会把若干金额较低的项目合并管理，对于合并项目实施粗放的核算和监督，从而使得预算不真实、不完整，与预算编制的明细反映原则相悖。

(二)预算执行中存在的问题

高校预算编制后,一经批准,即具有严肃性和权威性,应严格执行。目前大多数高校的预算管理在执行过程中不同程度地存在以下问题。

1. 预算执行缺乏约束力

高校预算具备很强的权威性,一经批准下达,一般不得改变,校内各部门、单位和个人都无权对已批准的预算做出增减的决定。但是目前高校的预算执行过程中,预算的严肃性、权威性都没有得到很好的体现,预算执行随意性强。在收入方面,经常存在预算收入不及时入账或长期挂账的现象,导致会计报表信息失实;在支出方面,资金节约意识不强,预算指标到位率低,或者即使到位,也因人为因素在预算执行中频繁追加,年度支出数往往高于预算数,导致资金不能按原有的预算项目口径运行。这违背了收支配比原则,使得高校预算管理发生偏离,削弱了高校预算的约束力。

2. 预算执行机制不健全

高校在预算执行过程中往往缺乏资金预算管理的有效机制。例如,高校中不按预算编制口径支出的情况就很常见;高校不同程度地存在项目支出界限不明朗,将项目之间的经费混乱使用,报销经费不归口的问题。另外,由于部分高校采用传统的成本中心模式进行校内预算拨款管理,将预算支出指标分配至管理部门,再由管理部门将指标逐级分配至院系或者具体项目,在具体执行过程中,由于预算编制粗略,执行的中间环节过多,经常出现主管单位截留和挪用下属单位经费的现象,从而导致下属单位资金不足,难以实现既定目标。

3. 预算下达不及时

一般来说,高校的校内预算到当年四月份前后才能下达,此时全年时间已经过去四分之一。这样一来,内部预算尚未下达的几个月中,高校实际上处于无预算管理状态。由于预算未下达,各部门的运行资金只能靠预算赤字解决,在预算支出上也只能参考上年的经费指标执行,从而给高校预算执行带来很大的隐患。这种情况严重影响了预算的严肃性和权威性,降低了高校管理的有效性。

(三)预算控制中存在的问题

加强预算控制,必须建立起有效的预算控制体系,缺乏有效的预算控制,再好的预算也不能达到预期的目的。高校预算控制体系包括事前控制、事中控制、事后控制三项内容。目前有些高校对全面预算控制的认识不足，尚未建立完整的预算控制体系，有的虽然已经建立，但控制不力，形同虚设，使得高校的预算管理部门缺乏对预算执行过程中因各种主、客观因素影响而造成的变化进行快速反应的能力。预算控制力度不够削弱了预算管理的权威性。

1. 事前控制的问题

很多高校长期发展规划意识不强，缺乏对整体资源的合理安排和规划，甚至对学校未来一年内的运营能力、现金流动性和一年以后的财务状况缺乏必要的分析与判断。同时，事前控制还存在预算下达滞后的问题。高校预算反映学校年度内所要完成的事业计划和工作内容，同时也反映学校的事业发展规模和目标，预算下达的时间滞后，必然会使学校管理的有效性降低，目标的实现受到一定程度的影响。由于预算编制时间不充分和预算指标下达滞后，事前控制成为一种事后预算，失去了事前控制的作用。

2. 事中控制的问题

我国高校原则上执行全面预算管理，但从实际情况来看，预算控制主要以事后控制为主，缺乏事中控制。预算下达后，如果不进行严格的事中监督与控制，就失去了其应有的意义。部分高校在预算执行的过程中，由于管理手段的局限和责任感的缺失，常会出现预算执行部门对于本部门的预算执行情况掌控不准确，只有在预算即将超标或已经超标时才对年度预算开支内容及合理性进行分析的现象。此外，因预算申报口径与预算支出口径不一致而引起的支出缺乏控制现象，在实务操作中也没有得到很好的解决。事中控制的不严肃使大量不合理的支出被忽视，这是引起舞弊和错误的重要原因之一。加强事中控制，高校必须强化预算执行的审批制度和程序，审批权限上也要充分考虑职权牵制，保证编制的预算能够严格、有效实施；明确高校各级主管领导、各个部门负责人审批的权限和范围，要求其在预算指标内审批并承担控制预算的责任；规范项目的审批程序，防止多头审批、重复审批的发生；考虑重要性原则和成本效益原则，对重点项目严格管理，其他项目则尽量简化，提高学校运作效率。

3. 事后控制的问题

目前高校对预算执行事后控制的认识仍不全面，"重会计核算，轻预算分析"

的现象十分常见，认为只要支出按规定列支且不突破预算指标，就是预算的良好执行。同时，事中控制的无力导致管理人员不能及时取得预算执行情况的真实数据，也是事后预算控制分析不够具体、翔实的原因。这样的事后控制很难对以后的年度预算形成有意义的指导，也很难对教职员工进行有效激励。

（四）预算评价中存在的问题

高校预算评价中的问题主要表现为评价部门不明确、评价内容不具体、评价标准不明确及评价制度不标准。

高校各个部门都是预算的执行部门，只有激发每位教职员工努力完成预算评价考核标准的行为，才能实现预算管理约束和激励的目的，保证预算被全面彻底地贯彻，同时辅之以内部审计和严格的预算控制考核制度的监督，保证预算评价的执行力度。而目前高校预算评价没有实现具体到每位员工的全面预算评价，所以很难真正起到绩效考核激励和约束的作用。

高校预算评价体系的设计包括两个维度：一是评价预算目标的完成情况；二是对预算组织工作的评价，即对编制的准确度、上报的及时性、控制分析的全面有效性等方面的衡量。在评价指标的设计上可以引进平衡积分卡的模式，不仅要考虑财务指标，还要通过非财务指标评价内部流程的合理性、高校未来的成长能力、组织员工学习与成长的能力等。评价指标的设计要简单明了、可操作性强，具有长期稳定性，以便进行趋势分析，总结经验。评价方法也不应仅仅局限于目前的固定年终考核，而应同时开展可在平时采用的突击考核或者其他周期更短的定期考核，以避免机会主义的产生，及时掌握预算目标和实际执行情况之间的差异，落实责任。当前高校预算评价中的考评方法简单、片面，导致预算评价不科学，也必然导致奖惩的不合理、不严谨。我国高校的预算考核主要是年末的综合考评，即预算期末对于各部门预算完成情况的分析评价。由于大部分高校预算编制的不够合理及预算执行中的调整不足，导致部门预算指标计划与评价的脱离；同时，由于评价体系本身存在着不完善，评价结果随意调整程度较大，导致实际评价结果并不能完全反映当期预算的执行情况，无法起到对下一期间预算指标编制的指导性作用。

奖惩制度是预算评价中的重要环节，是将高校对所属部门和员工的约束和激励具体化到可实施层面的有效手段。理论上，在通过预算管理实现对高校发展战略规划的量化的同时,也产生了学校预算评价所需要的依据和标准,这样有依有据的奖惩制度科学、公正和透明,也有益于学校战略目标的实现。但是由于目前大多数高校的预算管理制度尚不健全,也缺乏科学的预算管理激励机制,导致节约的部门没有奖励,浪费的部门也没有惩罚,使预算评价失去了应有的公正性和权威性。更可能因为预算评价监督的缺失而引发各部门在编制预算时为了防止年终没有钱花,随意夸大支出项目和金额,资金使用效率降低,浪费严重,无法实现学校的发展目标。

二、高校预算管理不力的原因分析

(一)对预算管理的认识问题

对预算管理作用的认识不足,是高校预算管理工作开展不力的原因之一。预算是高校全方位计划的数量说明,是全校各部门和所有成员共同参与组织、执行的综合性管理系统。预算管理是高校财务管理的中心内容。但在我国,不少高校将预算当成财务预算,认为预算就是财务表格和用款指标,认为预算管理就是编制财务预算。特别是二级学院的领导,认为预算主要是学校财务、行政部门的工作,预算申报随意,预算执行刚性不强,在这种观念指导下出现错报、漏报现象也就很自然了。也有的部门仅根据财务部门提供的项目,报一些主观性的财务指标,敷衍了事,有时甚至多报、虚报经费指标,导致一级预算平衡、二级预算失衡,进而造成预算编制和执行的脱节。

对预算管理作用的认识不足,导致高校只关注经费使用数额是否超出预算,而忽视经费使用内容与年初预算内容的一致性,以致每到年末,为了防止下年度预算消减,所属部门对未消费的预算额度突击使用,使预算失去了应有的严肃性。更有甚者认为加强预算管理制度的做法不利于调动各单位、各职能部门及职工的积极性和创造性。

忽视预算管理的全局性和对高校发展的重要意义,导致高校预算管理只注重资金分配,忽视财产物资管理及业务活动管理。预算编制、资金拨付、物资采购、业务活动等环节,未能形成统一管理,致使财务部门对部分业务活动的具体情况不清楚,给预算管理带来了诸多问题。事实上,预算管理不仅要反映学校预算年度的财务指标,还应反映各项事业的计划和任务,应涵盖教学、科研及管理的所有环节，应将预算管理从单纯的管钱向钱、物、业务三者统管发展，从而真正发挥预算管理财务筹划、预测、组织协调的综合职能。

（二）外部环境的复杂性

我国市场经济体制的不断发展和高校教育国际化进程的加速，使我国高校面临着日益复杂的外部环境，这对高校的预算管理产生了很大的影响。

首先，近些年高校教育市场的放开，高校间竞争的加剧对预算管理产生了很大影响。随着高校招生规模的不断扩大，学校的学费总收入不断增加，高校的教室、宿舍、图书馆等硬件设施建设，以及教师师资水平、学校科研能力等办学软环境在一定程度上得到了改善。但是，伴随着高校间竞争的加剧，一些教学、科研水平较低或缺乏专业特色的高校已经出现招生乏力、生源不足的情况，每年新增学生数与招生计划不符，学费收入不能准确测算，使预算的准确性受到了严重影响。

其次，银行贷款过多对预算也有较大的冲击。为了满足高校扩招带来的建设需要以及符合教育部评估的场地规模要求，近十年间，我国绝大多数高校都以举债的方式进行了学校扩建或搬迁工程，有的高校一次性的贷款数额就相当于该校十年预算的总和，高校依靠自身力量顺利偿还本息几乎是不可能的。为了避免数额较大的赤字预算，高校往往不将贷款列入预算，而是将发生的贷款全部挂在应付款科目内运行，或者将贷款列入预算，但是只将当年能从预算外收入中归还的贷款本息数列入预算收入与支出，无法归还的贷款本金仍挂在应付款科目内，从而造成虚假的预算收支平衡，严重影响了预算的真实性。

（三）预算管理中的信息不对称

高校项目预算管理中的信息不对称主要表现在以下几方面。

1. 政府主管部门与高校之间的信息不对称

对于高校具体项目的真实情况，政府主管部门和高校之间存在着信息不对称的现象，项目预算的批准额度在很大程度上取决于该项目申报者的游说能力、公关能力和决策者的偏好，虚报预算现象十分严重。

2. 高校高层管理者与预算编制部门之间的信息不对称

高校实施预算管理是为了高校生存、发展，并不断实现高校价值的提升。学校的管理者希望在高校战略要求和发展规划的基础上，进行符合本校实际情况的预算管理。高校高层管理者与预算编制部门间的信息不对称，使得预算编制部门一方面在编制预算过程中，即使按照规定的程序来编制，也可能造成实际预算脱离了学校目标，无法满足学校管理者需要的情况；另一方面，如果只考虑学校管理者的意愿，又可能会令各预算执行部门不满，在预算执行时产生各种问题。

3. 预算编制方与预算执行方之间的信息不对称

预算的执行方一般是高校的下属各部门，是预算执行的基本单位，它与预算编制方基本上处于对立的位置。预算编制方倾向于将预算支出指标定得低一些，以便更灵活地安排全校的整体活动，使高校整体项目顺利完成；对于预算执行方而言，争取较宽松的预算是各预算执行方的基本出发点，预算支出指标定得高一些可以减轻资金压力，便于各项活动的积极开展。但是，由于预算编制方与预算执行方之间的信息不对称很有可能导致在两方的博弈中，真正需要的部门没有获得应得的预算额度，却将资金分配给了不应获得资金的部门。

（四）缺乏有效的权力制衡机制

预算编制、执行、控制和评价过程中缺乏有效的权力制衡机制，也是预算管理出现问题的原因之一。高校预算编制后要经过校内的三个环节批准：分管财务的校长、校长办公会、职工代表大会。在现行管理体制下，职工代表大会只具有否决预算权而没有更改预算的权力，对预算的编制程序没有实质改变。预算编制部门在编制预算时往往留有一定数额的机动资金，以应对意外，实际工作中对这部分资金的使用限制很少，常常用于填补预算执行严重超值项目的资金损失。就预算评价考核而言，这种做法不是奖励成功，而是奖励失败。预算编制、执行、控制和评价中权力制衡机制的缺失是预算编制不合理，预算控制失效，预算执行失误，预算评价不力的主要原因。

（五）高校预算管理改革滞后于部门预算改革

政府部门预算有三个特点：①基本支出预算实行定员定额的编制方法；②对项目库中的延续项目实行滚动管理；③推行预算绩效评价。自2000年以来，财政部门预算实现了从"基数预算"到"零基预算"的转变，从"年度预算"到"滚动预算"的转变，从"投入式预算"到"产出式或绩效式预算"的转变，这几个转变使财政预算水平得到质的提高,部门预算不断细化、规范。然而,在此期间高校预算管理虽然也取得了一定程度的进步,但是仍远远滞后于部门预算改革。高校预算管理与财政部门预算管理的步调不一致,预算管理制度的不唯一和不稳定,造成高校预算管理人员在制定预算时缺乏可靠的依据,常常依靠主观认定,进而造成预算制定与部门预算要求的偏差。同时,目前高校的机构设置和职责分工无法适应预算编制的要求,预算编制的公众参与度低,预算审批也存在着巨大的漏洞,造成预算松弛的现象。

目前,财政部门的预算改革远远超前于高校预算改革,以事业单位来衡量高校,则会出现考虑不够全面的现象。由于高校的特殊性及其经济活动的复杂性,其预算编制很难细化到财政部门预算要求的程度。特别是在实行国库集中支付后,高校对大部分资金的调整缺乏灵活性,造成突击花钱等弊端,大大降低了资金的使用效率。以"零基预算"为例,理论上讲,"零基预算"的编制有许多优点,但在实际编制时,若管理水平没有达到编制零基预算的要求,是无法真正做到"零基预算"的,过度追求细化只会导致事倍功半。以"绩效评价"为例,由于高校人才培养、科学研究、社会服务等的特殊性质,使其与工厂不同,"产品"的效益很难在短期内显现出来,而且生产的社会效益和经济效益同时存在,甚至社会效益大于经济效益,因此绩效评价很难像企业那样完全以量化标准来进行。

(六)高校总体管理水平低下

在预算管理中,高校总体管理水平低下,影响了高校预算管理编制、执行、控制、评价等环节的运行效果。

1. 高校管理水平低下表现在对"全员管理"的漠视

管理是全体成员的管理,而不仅仅是组织领导者的工作。全员管理意味着一方面管理活动应当将全体成员纳入控制和监督的范围,另一方面也同时要求建立适合全体成员共同参与的管理体制,实现和尊重所有教职工参与管理的意愿,使其更好地为组织的发展做出贡献。全员管理应该体现在高校管理的所有领域,特别是对高校发展至关重要的预算管理上。正是由于对全员管理的忽视导致了预算管理中很多问题的发生。例如,由于缺乏"全员管理"的观念,有些高校将预算划归财务部门负责,预算编制人员也全部是财务相关人员,而其他了解高校运行及建设发展的相关人员没有参与到预算编制工作中。同时，在编制预算时，高校根据总体经费结合各院（系）师生人数、工作量等情况分配各单位的项目经费预算，而不征求各下属单位的意见，导致预算不切实际。在预算执行上，忽视各执行单位的能动性，不要求其编报经费使用计划，无法落实对具体支出项目的控制。在预算评价上，多数高校在预算评价指标制定过程中没有实现全员参与，仅仅由管理人员来制定，往往会脱离实际；预算评价标准过高，大多数教职工未达目标，会导致教职工缺乏信心，人心涣散；或者预算评价标准过低，又会造成资源的浪费。

高校的预算管理是全员管理，所有教职工都是预算的制定者，同时也是预算的实际执行人。合理的预算管理应充分考虑人的因素，充分调动全体教职工的积极性，最大限度地发挥人的主动性和创造性，只有这样才能使高校不断成长。

2. 高校管理水平低下表现在学校管理的急功近利

由于高校的中高层管理者普遍实行任期制，各级管理者都想在任期内有所作为，因此发展项目较多，在资金供应有限的情况下，管理者决策往往不是从学校长远的发展角度来评价，而是强调短期效果，希望在任期内就能有所回报，缺乏长远眼光，造成学校发展的急功近利。

第四节　高校预算管理改进建议

加强预算管理是实现高校财务管理现代化、制度化的基本途径和重要手段，是规范学校内部管理秩序的必然要求。高校应在坚决贯彻《中华人民共和国预算法》的同时，结合本校的办学实际，从预算编制、预算审批、预算执行及预算评价四个方面，完善和细化预算管理制度，提高预算编制质量，硬化预算约束，促进学校可持续发展。

一、高校预算管理改进的基础工作

（一）重视预算管理工作，强调预算管理的参与性

预算管理工作是高校最重要的工作之一，涉及学校的方方面面，因此，要广泛宣传预算管理的意义，强化学校及下属各部门领导的预算管理意识，提高他们的预算管理技能，从思想上为学校预算管理工作的有效开展奠定坚实的基础。同时，应加深对高校预算管理的认识和理解，充分调动各部门、各单位的积极性、主动性。

预算作为学校管理工作的一项系统工程，绝不是财务人员单打独斗所能支撑的，要在学校的统一管理下，调动各级单位的积极性，使其参与到学校的预算管理工作中来。在预算管理中强调参与意识，可使高校预算管理更加民主与合理，积极沟通，在保证整体利益的情况下明确各自的职责及目标，提高预算指标的可靠性和预算执行的效果。

(二)规范预算管理制度，构建高校预算管理体系

高校应制定规范可行的预算管理制度，明确预算收支范围及预算编制、执行、控制、评价的程序、原则和方法。高校预算管理细化的程度，取决于对高校管理活动复杂情况的判断，取决于获取到的与管理相关的信息的多少。一般来说，对基本支出按照定员定额标准核定，实行零基预算；对项目支出按项目库排序，实行滚动预算；对项目评价，不采用投入式预算，而提倡产出式(绩效式)预算。在编制预算时，各预算编制参与部门须反复沟通，对所有支出项目逐一审核、评估；认真核实申报经费的内容和依据，细化收支范围、分类制定定额标准，明细核算，按项目重要程度排序，及时发现预算执行中的异常情况，找出原因予以控制；对已完成的项目及时组织验收，做好预算评价。

(三)建立预算委员会，完善预算管理组织

完善的预算管理组织机构是加强高校预算管理的前提和基础。高校预算管理的组织机构应包括预算委员会、常设预算管理工作组(直属于预算委员会，负责日常预算事务的处理，由学校总会计师或财务处长负责)及预算责任网络，其中预算委员会是最重要的部分。

预算委员会是高校预算管理的最高决策和管理机构，负责对校内各单位申报的预算进行审核，由校长直接领导。目前各高校预算委员会的成员主要由学校各校区主管领导及下属各部门负责人构成。鉴于大多数高校实行分层次预算管理体系，为了提高预算编制的准确性，使其符合学校长期发展的需要，合理配置高校资源，加强预算管理，需要建立以教授为主体的预算委员会，选取学校知名教授及会计、财务管理、审计等学科有威望的教授进入预算委员会，以增加预算委员会的科学性和权威性，同时体现"教授治校"的高校教育管理理念。

以教授为主体的预算委员会与以分管领导为主体的预算委员会相比，可以避开学校在平衡预算方面的困扰，便于采用零基预算、绩效预算等更先进的预算方法，更合理、更科学地安排预算，提高预算资金的使用效率；以教授为主体的预算委员会还可以更好地适应教学工作，更好地支持高校教育教学改革。但是，以教授为主体的预算委员会并不能代替校领导在预算上的决策作用，它只是提高了校领导在预算决策上的科学性，最终仍然是预算委员会向校长办公会和党委常委会提出议案，由校领导进行决策。为了避免预算管理决策中的权力腐败，可以对学校领导的预算决策进行有效监督，建立大学理事会。大学理事会不是参谋机构，而是决策机构，其主要功能是监督学校的运行情况、制定高校整体发展规划、审批投资项目和经费预算。预算编制要经过听证、辩论，最后由理事会投票决定。理事会的人员组成必须要体现独立性、科学性和权威性，校长可以是理事会的理事，但和其他理事会成员拥有相同的权力。这样可以从根本上解决或缓解高校预算管理中的内部人员控制问题，对领导者进行有效的权力监督。

二、预算编制的改进建议

（一）树立预算编制的全局观念

为了更好、更快地实现高校战略，高校在编制预算时必须在预算方案中充分体现学校的主要发展目标、实践路径以及影响目标实现的关键因素。预算的编制要在学校整体规划的基础上，紧紧围绕学校的中心工作制定，以强化各部门的参与机制，使教职工更加了解自己的工作职责和本部门、本学校的现实需要、发展潜力及未来变化。这样编制的预算指标也一定更接近学校实际，预算的准确率也更高。

（二）协调高校预算与财政部门预算

目前，财政部门的预算改革远远超前于高校预算改革，财政部门应根据高校的管理需要，尽早出台相关的预算调整办法和审批程序。在相关文件出台前，高校的预算编制工作应做好以下两点。第一,编报时间要衔接。高校的预算一般在上年年底编制,年初将预算发至各部门执行,而部门预算的编制时间较早。为了与部门预算相配合,高校的预算编制也应适当提前。第二,高校会计科目的修订。目前的高校会计科目在科目设置、核算口径和内容上均与部门预算不相适应,不利于预算的执行和控制。只有将科目设置加以完善,进一步明确适用范围及口径,增加科目或扩展科目内涵,才能为高校预算与部门预算的协调一致奠定基础。

(三)做好编制预算的基础工作

首先,建立和健全预算编制机构。高校应在预算委员会指导下建立预算编制小组,负责预算编制的项目审查、定额核定、指标分解与调整等业务。各下属部门要确认一人负责预算编制工作。编制预算时,财务部门负责组织召开预算工作布置会,明确各部门预算编制人员的职责,统一预算口径。各部门根据预算编制小组下达的预算目标,结合本部门的特点,提出本部门的具体预算方案。预算编制小组根据学校的发展规划和实际情况对各部门上报的预算方案进行审查、汇总,综合平衡,提出修改建议,以保证高校总预算的准确度。

其次,在编制年度预算之前,要认真学习上级部门颁布的预算编制及其他文件,领会高校教育的政策变化,了解新的收支标准;把握学校的年度工作要点,明确重点项目和常规项目,保证预算编制的政策性、科学性;核实预算年度教职工人数、招生人数、毕业生人数等各项基本数字较以前的变化,确保预算编制中定额标准的准确性。

最后,对上年预算管理工作进行分析和总结。财务部门要认真分析上年度的预算编制和预算执行情况,分析各项预算标准完成或未完成的原因,找出问题,总结经验;在广泛听取各部门预算编制要求的基础上,汇总各单位材料,充分论证,对合理的建议和意见及时采纳,对上年预算中出现的问题进行有效的改进和调整,使预算的编制更加科学、合理。

(四)多种预算编制方法结合使用

当前高校不合理的预算编制方法影响了高校预算管理的效果。预算编制方法的改革,不是简单地抛弃过去的方法,采用全新的预算编制方法,而是在预算编制时，根据具体情况，将零基预算、复式预算、滚动预算、绩效预算等方法结合使用。

零基预算是一种对所有的预算支出均以零为起点的预算编制方法。它打破了以往习惯，重新研究、分析和判断每项预算支出的必要性和具体额度。高校在确定各部门、各项目的预算数时，可采用零基预算方法。例如，对教职工工资性支出，按照标准逐人重新核定；对事业性支出、人员经费支出等重新分类，将预算编制到具体项目中。零基预算方法可以压缩经常性经费开支，优化支出结构，将有限的资源用于学校发展最需要的项目上。与传统的增量法相比，有明显的优越性。

对建设性支出预算，高校可采用复式预算方法：首先，将学校总预算分为经常性支出和建设性支出两部分；其次，将建设性预算支出依照项目重要程度建立项目库，并根据实际进展及时进行相应调整；最后，根据学校的资金情况依次安排。在建设性支出预算的执行过程中，可以根据学校预算收入的增加或者经常性预算支出的节支调整建设性支出的金额，依次递补。

滚动预算方法考虑中长期发展规划与资金供给的协调关系。在编制学校的中长期预算时，应采用滚动预算的方法。运用滚动预算方法可以依据学校实际对中长期预算不断地进行调整和修订，以避免中长期预算因期间过长脱离实际而引起的盲目性，进而提高预算编制的科学性和准确性，充分发挥预算的指导作用。

在编制校内部门预算时，可以采用绩效预算的方法。绩效预算方法是将部门预算经费与其工作任务、工作业绩及其所产生的效益或效果直接挂钩，实行浮动的激励措施，加强学校对部门经费预算的管理、督导和考评。

（五）适度赤字预算

高校预算管理一直以来都是在"量入为出，收支平衡"的原则指导下进行，但如今高校预算的编制应该突破以往的约束，条件许可的高校可实行适度赤字预算。在高校支出逐渐增加，资金供求矛盾日趋严重的情况下，采用适度赤字预算可以保障高校重点发展目标的实现。本书所倡导的赤字预算不是永久性的赤字预算报告，而是在特定时期内的短期存在，若从高校发展的中长期看，赤字应逐步减小，直至消除。

在特定时间内编制适度赤字预算，对高校中长期发展及科学规划有深远、积极的意义：①能够集中财力在短时间内办大事，保证学校重点项目的完成；②打破常规的发展方式，抓住发展机遇，明显提高学校的办学条件或科研水平，提高学校的竞争力；③综合权衡财务费用和未来通货膨胀对教育资金的影响以及高校所获不动产、无形资产的未来升值，编制赤字预算更是利大于弊。与赤字预算相适应的，高校要在除目前以一年为期的常规年度预算外，补充编制中长期预算，将期间年度预算和学校的中长期发展规划结合考虑。克服过去仅有年度预算而带来的短期行为，使得学校的预算收入能够在未来更长的时期内实现动态平衡。即允许某些年度预算结余和另外一些年度的预算赤字，使高校在未来一定时期内(2～3年)实现自我调节，从而使预算编制贴近高校的发展实际，充分实现资金的使用效益。

(六)远近结合，编制中长期预算

高校的中长期预算编制除了上面所述可以与赤字预算相配合外，还具有更重要的意义。可持续发展是高校生存的首要目标，而中长期财务预算是高校可持续发展的基本保障。中长期预算是基于高校长远发展的更高层次的预算，可以是3～5年期预算，甚至可以是10年期预算或更长。中长期预算编制时要将学校的营运与发展相结合，充分考虑可持续发展，紧紧围绕高校的战略目标来进行。中长期预算的编制还要注意不同时期、不同阶段的变化，要根据预算对象的多元化，突出不同的预算重点，既要立足眼前又要兼顾未来。

(七)合理预算收入，科学安排支出

预算编制包括收入预算编制和支出预算编制。高校收入预算编制必须坚持稳健性原则，把学校正常条件下可以实现的合规、合法收入全部纳入学校的预算编制，不得高估收入，将无经济依据的收入纳入预算；当然也不能过于保守隐藏收入，使收入预算失去可靠性，进而影响支出预算的合理编制。要把收入预算编制工作落实到各下属部门，按来源测算收入，并按部门汇总，使收入预算的编制更加具体、准确。对于高校取得的商业银行贷款，作为一项资金来源，高校可将对应相关支出，作为收入编制预算。需要注意的是，商业银行贷款所对应的支出主要是高校的基本建设支出，在编制预算时，原则上不得将商业银行贷款对应学校基本建设支出以外的项目支出。

▶ 高校财务管理与绩效评价研究

高校预算支出的编制应以实事求是、科学客观为出发点。编制的支出预算应符合学校的实际情况；预算编制的支出项目和金额要真实体现下属部门的事业效果；编制支出预算时要注重支出结构的优化，分清轻重缓急，倡导勤俭节约。例如，对于公用经费的预算要根据各院系、行政部门等经费性质的不同，实行分类分档编制，院系按学生人数、层次，根据日常维持费、实验实习费等综合定额与专项定额相结合的方式确定公用经费；行政部门按照职责范围的不同，制定不同的分类分项定额，并辅以特殊支出如学科建设、教改项目等的专项补助；后勤经费对绿化、保洁、水、电消耗等，按经费的不同用途，分别按照学生人数、保洁面积或实际成本消耗等，采取不同的标准确定经费额度。

（八）下属部门编制责任预算

高校各下属部门有使用预算经费的权利，也必然要对预算编制负有责任。编制责任预算，必须设置责任标准。高校各部门（责任中心）在申报部门预算支出草案时，要同时申报经费支出报告，阐明各项预算经费的原因、金额标准、预期使用时间、责任目标以及按照预算使用经费的承诺书。财务部门在收到预算经费支出编制报告后，编制预算收支报表和资金流量计划表，并将各部门的预算目标统计归总，提交预算委员会讨论。对于预算期内责任目标的设定，如果全部交由各部门（责任中心）完成将造成预算管理松弛，若完全由预算委员会设定则容易脱离实际。理想的责任预算编制应是两者的结合，具体流程为：制定方针—责任中心编制—责任中心上报—学校汇总—委员会讨论决定。

三、预算执行的改进建议

再好的预算，若离开有效的执行，也只能是一纸空文，因此严格地执行预算是保证预算管理落到实处的关键环节。

（一）完善国库集中支付制度

完善国库集中支付是保证高校预算执行效果的基础和前提。修订与国库集中支付不相适应的法律规章，完善相关的管理办法；保留学校基本账户，对学校非税收入采用集中汇缴方式，并以基本账户作为非税收入过渡户，归集、记录、结算非税收入款项；允许学校零余额账户向学校基本账户和基建账户转付特定的资金，以解决项目资金归属、基本建设拨款、向后勤集团和分校区划拨资金等国库改革中遇到的各种问题。

(二)强化政府集中采购管理

要做到预算执行与预算相一致，还要强化政府集中采购管理。如今，高校规模逐渐扩大，内部管理权限越来越分散，商品采购品种多、技术含量高、时效性强。政府采购具有时间长、审批严、程序多的特点，在政府集中采购管理下，高校预算执行要做到预算编制相一致确实不易。因此，积极强化政府集中采购制度，在保证效果的情况下缩短审批时间，对有效执行预算，规范和管理国库现金及债务，及时准确地提供完整的预算执行报告具有重要的意义。

(三)强化内部控制

建立和强化高校的内部控制制度，有利于预算的执行。在资金有限的条件下，加强财务监督，在资金运作的全过程建立有效的内部控制，以防止资金使用过程中的错误和舞弊的发生，提高资金的使用效益和预算执行的效果。高校可以建立有效的内部支出控制，如差旅费、电话费、招待费等公用支出，实行按支出标准的定额管理；水电费由各部门落实包干；建立采购和领用内部控制：对材料、办公用品等设立材料仓库明细账，进行定期或不定期材料盘点；对教学科研仪器设备做到全校一盘棋，建立全校统一的实验中心，实验中心按照企业成本核算方法实行内部核算，使用实验室设备要收取相应的费用，收取的费用用于设备的维护和更新。

(四)细化预算

预算的明确、细化是实施有效执行预算管理的重要前提。将预算项目、目的、经费、责任、指标、定额等全方位进行细化，分解到每个参与部门与个人，可以保证预算执行有章可循，提高工作效率，防止扯皮；预算细化还有利于费用分析，寻求节约执行预算成本的有效途径；分解到人的指标和定额细化还有助于预算执行结果的考核。

(五)严格预算执行性

在预算执行期间，不允许随意追加、削减预算，下属部门必须在部门年度财务预算计划数额以内使用；必须超预算支出的，应按照规定先申请预算调整，经批准后方可按新的预算方案执行。

高校要将非税收入全部纳入学校预算管理，确保预算收入的实现。在支出方面，设定审批权限，严格执行预算，对超出定额或预算标准支出的项目，一律不予支出。不论是学校领导，还是下属部门负责人，不论其权大权小，都不能在已批准预算外随意变更预算。各部门负责人对本部门预算支出业务的合法性、真实性及用款进度按规定权限审定，财务部门依据原始凭证和已批准预算对全校经济业务的合法性，以及原始凭证的合理性负责，对预算、超预算的开支，有权拒绝执行。

预算执行中除发生预算项目确实不能继续或无须继续的情况外，都要严格执行，以保证预算管理的严肃性，实现高校发展目标。

（六）人本管理

在预算执行中提倡人本主义，通过内在激励，使教职工自觉执行预算，达到事半功倍的效果。预算执行是建立在财务指标基础上的人的行为管理，管理的核心是人，因而必须摒弃以往"以物为本""绝对服从"的旧思想，树立"以人为本"的预算管理新观念。

以人为本的预算执行要求对预算执行者适当授权，通过财权和事权的下放，监督权和处置权的集中，在高校中实现分权与集权的统一，以增强教职工的责任感意识，从而提高预算执行的效果。高校要建立相互关心、互相帮助、彼此尊重与信赖的有利于预算执行的工作环境，从而提高工作效率，增强各项事业任务完成的效果。

四、预算控制的改进建议

（一）预算控制方式的改进

高校预算控制包括纵向控制和横向控制两项。对预算控制方式的改进也应从这两方面入手，既要加强财政、教育等主管部门对高校预算管理的纵向监督，又要加强校内预算控制。首先，要建立由财政、审计、社会中介机构、社会舆论等部门或组织共同构成的覆盖事前、事中、事后的纵向高校预算控制体系，强化控制职责，加强高校预算控制力度。高校预算控制体系从高校预算申报起就开始进行严格的审查，对预算执行和预算绩效评价等进行有效的控制。预算控制的内容除对程序的监督外，还包括对具体内容的控制。其次，要完善高校内部横向预算控制制度。将学校全部资金纳入控制体系，明确财务、审计等各部门的职责分工，做到相互协调，信息共享，强化校内预算控制。最后，要实现学校预算公开化。将预算定期向全校师生公布，接受监督，并在预算执行后和预算评价时，接受师生的评议，真正做到预算控制透明化，将预算控制落到实处。

（二）加强事中控制

加强事中控制主要表现在硬化预算约束上，要强调"以预算为中心"的预算控制原则。预算年度开始后预算尚未批准前，各部门可根据上年度同期的预算数额安排支出，但预算一经批准，除国家政策或招生规模等不可控原因造成的影响外，对预算的变更一定要严格控制，不得擅自调整。同时，为了便于事中预算控制的有效实施，对各项目预算经费可以采取分季划拨、年终汇算的拨付方式，从而均衡地控制整个预算期内的项目实施。好的预算方案是进行预算事中有效控制的基础，所以各高校要尽力提高预算编制水平，严格预算编制程序和审批手续，增强预算的准确性和科学性，不留缺口。

（三）借助网络手段实时控制

如今信息技术不断发展，高校可以开发相应的财务和管理软件，充分利用日益发达的网络，进行预算支出和使用的查询，使各部门可以随时随地确认自己的预算执行情况，并与已经细化的预算方案相比较，实施部门预算控制。除可以查询预算支出使用外，还可以在财务和管理软件中增加横向、纵向比较指标，一方面可使部门负责人对本部门的预算支出额、项目进展程度等全面了解，另一方面也可以对本部门的预算支出绩效做横向和纵向比较。

（四）预算控制手段的改进

1. 设置多段监控点

在预算执行开始后，财务部门要注意及时设置预算控制额度。实行计算机报账系统的高校，可设置多段监控点控制日常经费的预算。这样有利于控制预算支出进度和资金流量,使预算支出均衡地发生,杜绝突击使用经费的情况,提高资金使用效益,防止预算宽余,也有利于日后预算评价的实施。目前大多数高校分上半年和下半年两段实施监控时,上半年预算支出安排一般为总预算的45%,下半年预算支出则为总预算的55%。这样既前紧后松,留有余地,又基本上保证了预算支出的均衡发生。另外,也可以通过类似的方法实施月度、季度的多点监控,使得预算支出适时和发生均衡。这种方法适合日常费用的控制。

2. 建立有效的分析机制

为了实施有效的预算控制,财务部门应按责任中心编制预算统计表,其中包括以支出功能分类和以支出经济分类为统计口径的两种预算统计表总量平衡。预算统计表便于事中控制分析。财务处根据预算统计表按月比较实际发生额与预算之间的差异,并通知各责任中心的预算负责人进行分析和控制,以利于本期预算的执行和下期预算的编制。

对于预算差异的分析,主要从以下几方面进行。

(1)账务处理正确性的判断。高校会计核算时,要判断收入、支出的入账时间、科目、金额是否正确,以及与已批准的预算方案是否一致。

(2)外部条件变化的判断。要判断是否存在由于高校外部条件变化而导致的预算定额标准的变化,如预算编制时,博士生生活费按每人每月200元发放,在执行预算期内,接到国家相关文件,将博士生生活费调整至每人每月1000元;预算中拟购入某产品或服务,由于技术进步等原因,发现购买另外的产品或服务更能够节约资金或满足需要等。对于外部条件变化导致的差异,可能造成预算超支,也可能节约预算经费,预算管理部门要重点分析,做出正确判断。

(3)内部环境变化的判断。学校内部环境的变化也会造成预算执行时出现不如预期的情况,如某部门突然接到任务,要求安排计划外活动;或者项目比预期更重要,难度也更大,实际花费的时间和资金比预算要多得多。高校应实时监督预算的执行情况,定时做出分析,找到预算差异的真正原因并实施控制。

五、合理控制财务风险

高校预算评价是根据预算目标进行的全面考核,是对高校预算执行情况及效果做出的全面、准确、客观、合理的描述和评价。高校预算评价既要考评高校资源总量是否符合高校整体运行的客观要求，还要考评资源的使用效益是否最大。这是发展高校教育事业和优化高校教育资源配置的要求，也是完善现行高校预算管理体制的内在要求。

（一）建立健全预算评价体系

高校要加强对预算执行情况的评价与考核，以提高预算执行效果；改进预算编制的程序和方法，激发广大教职工工作的积极性。高校预算评价必须通过一套科学、合理且行之有效的评价体系实施。建立健全科学、可行的考评机制是开展预算考评的基础。高校应按照科学、实用、重要、完整相统一的基本原则建立以绩效为核心的预算考核评价系统。构建高校预算评价指标体系，积极开展预算评价，是高校合理配置资源和提高资金运行效益的有效手段。评价系统一旦建立，应长期稳定，不能朝令夕改令员工无所适从。评价系统的长期稳定除可以使各部门、各个员工明确考核依据，按照既定目标不断努力外，还可以保证评价结果的纵向可比，以此来全面掌控一定时期内预算的总体运行状况。

高校建立健全预算评价体系，应首先确定预算评价的领导组织机构和相应的评价监督制约机制，实现预算评价工作的制度化和规范化。预算评价体系的设计要兼顾社会效益、经济效益、项目投资评价。预算评价指标的设定应遵循短期、长期效益相结合和定量、定性相结合的原则。由于各高校的类型不同、规模不同、层次不同，其所建立的预算评价指标体系也很难完全统一，但是合理的高校预算评价体系一般应包括平衡计分卡评价体系和关键指标评价体系两部分。这两部分均采用量化标准，以绩效目标为出发点进行设置。一般来说，高校预算评价的关键指标体系至少应包括以下具体指标：财务综合实力评价指标，用来评价高校经费来源及学校规模和办学条件的指标；运行绩效评价指标，包括经费自筹率、高校年度收支比、校办产业资本增值率、学科建设评价指标、人才培养评价指标等；发展潜力评价指标，包括现金净额增长率、自有资金动用程度等；偿债能力评价指标，包括资产负债率、流动比率、速动比率等。清理除预算评价的关键指标体系外，构建高校预算评价体系还要制定切实可行的绩效考评工作程序和考核指标，以及按照绩效考评结果实施奖惩的制度。

（二）强化预算执行结果的分析

预算执行结果的全面分析是高校预算评价重要的基础工作。高校预算执行结果的全面分析是指对校级预算和各部门预算的执行效果、执行差异的原因分析，并提出改进措施，编制预算结果分析报告的过程。

1. 要合理界定预算分析的内容

预算执行结果分析包括预算收入执行分析和预算支出执行分析两部分。高校预算收入按来源分为外部收入和自创收入两大类。外部收入包括财政拨款收入、社会捐赠收入等；自创收入包括学费收入、产学研合作收入等事业收入和经营收入。高校预算支出按资金流向分为教学业务费、教学管理费。教学业务费是与教学科研直接相关的支出，包括教师课酬、教学设备费、资料费等；教学管理费是与教学科研间接相关的支出，如管理部门的接待费、办公费、办公室人员支出等。

2. 要选择合适的分析方法

高校要根据分析目的和内容选择适合的方法，做出公正、客观的分析。目前，高校预算执行结果分析的可选择方法有比较分析法、因素分析法、差额分析法等。随着财务分析理论和实践的不断发展，还会有更多、更好的方法以备选用。

3. 要坚持全面分析与重点分析相结合的原则

对预算执行结果的分析是建立在对学校经济活动的整体情况全面把握的基础上的，只有全面了解学校运行的整体情况，才能分析预算收支的执行情况，分析预算数与实际数的差异原因，总结预算执行中的经验和问题，提出改进意见和措施，为下一年度的预算编制打下良好的基础。同时，还要杜绝没有重点的全面分析。结合高校实际对预算年度的经济活动的主要方面进行重点分析，有利于形成正确的分析结论，取得事半功倍的效果。

4. 差异分析是预算执行结果分析的重点

高校预算执行结果分析的重点应放在分析差异及产生差异的原因上。预算收入执行分析的重点是发现预算年度各项实际收入与预算收入的差异，并找出导致收入增加或减少的原因，形成报表及书面报告；对预算支出执行结果的分析重点是对各项目经费的支出、结余、任务完成率等情况做分项分类详细说明，并形成报表及书面报告。

差异分析要从定量和定性两方面进行：定量分析收支的进度与结构、偏离预算的差异大小等；定性分析产生实际与预算差异的主客观原因。公正的分析结论不仅可以用来作为预算评价，也对未来的预算管理提供基本材料，是高校提高管理水平的重要依据。

差异分析还分为横向差异分析和纵向差异分析。横向差异分析是指学校可以选取合适指标与同类型、同规模学校进行比较，也可以在学校内各院系间进行指标比较；纵向差异分析即学校自身选择以前年度同类指标进行比较。无论横向差异分析还是纵向差异分析均须考虑比较对象间的可比性，切忌盲目比较。

（三）分部门实施预算评价

在高校整体预算评价体系下，针对重要预算项目和部门的包干经费，高校应设定不同的预算评价指标和标准，分别进行预算评价，考核其经济活动的真实性、合法性、科学性、效益性，并将评价结果与各项目或部门负责人的业绩评价相结合，实施激励。各部门的预算评价指标综合来说可以从投入、产出和结果三个方面来设计。

投入指标如资金、人力、场所、设备等，用于衡量预算项目所消耗的资源，包括"生均教学经费""生均教学面积""生均教学设备"等指标。成本测算对采用投入指标进行预算评价的部分具有重要作用，需要完善相应的会计核算系统。

产出指标是预算期内完成的工作、提供服务或产品的数量，包括"收入完成数""毕业生一次性人数""自筹经费完成数""接待来宾次数""档案入档册数"等指标。产出指标的计算相对比较容易。

结果指标用来衡量项目或服务的结果，包括各院系的"英语四、六级通过比例""国家资格考试通过数"等指标；各科研单位的"国家级课题占全部课题金额比例""国家级课题占全部课题数量比例""SCI、SSCI 文章发表数""有国际影响文章发表数"等指标；管理部门的"收入预算完成比率""支出预算完成比率""解决来访问题满意率""处理问题及时率""各项检查合格率"等指标；后勤部门的"绿化率""食堂就餐率"等指标。结果指标是预算评价指标体系中最重要的部分。

根据部门和指标特点对不同部门采用不同的预算评价指标进行考核有利于各部门的业务发展和激励。例如，对各部门的预算评价，重点应放在节支增效上；对专项工程的预算评价，重点应放在"决算（比预算）节支程度""验收工程质量是否达标"上。同时各高校的情况不同，需要根据各自的具体条件安排部门预算评价，在全部高校建立统一的预算评价体系，往往达不到考核的目的，对各高校的发展也不利。

（四）根据评价结果实施激励

预算评价必须以激励机制为补充，否则将失去评价的意义。而激励也只有以预算评价为基础，才能有的放矢，要根据评价结果对部门和个人进行必要的物质、精神奖励或惩戒。明确的激励制度，可以让各部门和教职工在预算执行前就了解业绩与激励之间的关系，将个人、小团体与学校的整体目标紧密结合，保证预算执行的效果。如果激励机制不合理、不完善，往往会使预算评价流于形式，评价指标将丧失约束作用，预算管理会失去应有的功效。在进行预算评价时要客观公正、结合实际，形成准确、科学的评价结果，充分调动教职工的积极性和创造性。

激励要坚持责权一致的原则，坚决按照规定兑现奖惩，有奖有罚，赏罚分明，不打折扣，保证预算的严肃性和学校目标的实现，确立预算管理在高校的核心地位。设计与完善高校激励机制，并与预算评价相配合，可以更好地促进预算管理的实施，这也是学校管理中应当考虑的重要问题。

第三章

高校效益与成本管理研究

高校进行教育成本核算和计量，构建教育成本管理运行体系十分必要。通过成本管理，高校不仅可以有效地挖掘内部潜力、优化资源配置，还可以降低成本、提高效益，从而增强高校核心竞争力。建立高校教育成本控制机制，尤其是探讨在高校经营下的成本控制与成本控制的基本规范，对于高校管理的意义更加深远。高校成本管理的目的有三个：一是选择成本效益管理基本路径；二是走出财务困境；三是构建高校成本效益管理新模式。

第一节 教育成本、效益与成本管理概述

教育成本作为经济范畴，是指为培养学生所发生的物化劳动和活劳动的耗费。这种耗费既同社会生产力相联系，也同社会生产关系相联系。教育成本不仅与经济效益相关，也与经济利益相关。教育成本不仅是反映各方面对教育资源消耗的重要指标，还是国家确定教育投资及教育收费的主要依据；不仅是评价教育投资效益的必要前提，还是考核和提高教育管理水平的重要措施之一。

一、对教育产品经济性质的认识

（一）公共产品的含义

公共产品是私人产品的对称，是指具有享用上的非竞争性和受益上的非排他性的产品，也称"公共财货""公共物品"（下同）。按照西方经济学中的定义，可以理解为能为绝大多数人共同消费或享用的产品或服务，一般由政府或社会团体提供。常见的几种重要的公共产品有国防、环保、科技、教育、文化。公共产品有以下两大基本特征。

1. 非竞争性

一部分人对某一产品的消费不会影响另一些人对该产品的消费，一些人从这一产品中受益也不会影响其他人从这一产品中受益，受益对象之间不存在利益冲突。非竞争性有两方面含义。一是边际成本为零。这里所述的边际成本是指增加一个消费者对供给者带来的边际成本。例如，增加一个电视观众并不会导致信号发射成本的增加。二是边际拥挤成本为零。即每个消费者的消费都不影响其他消

费者的消费数量和质量。

2. 非排他性

非排他性是指产品在消费过程中所产生的利益不能为某个人或某些人所专有，要将一些人排斥在消费过程之外不让他们享受这一产品的利益是不可能的。

公共产品的上述特征要求公共产品的生产必须有公共支出予以保证，经营管理必须由非营利组织承担。

（二）公共产品的分类

1. 纯公共产品

一般来说，公共产品是指那些为人们共同消费的产品。严格地讲，它是在消费过程中具有非竞争性和非排他性的产品，是任何一个人对该产品的消费都不减少别人对它进行同样消费的物品与劳务。除可供公共消费的物质产品外，政府为市场提供的服务还包括政府的行政和事业方面的服务，这就是说，广义的公共产品既包括物质方面的公共产品，又包括精神方面的公共产品。纯公共产品一般由政府提供。

2. 准公共产品（混合产品）

准公共产品亦称为"混合产品"。这类产品通常只具备非竞争性和非排他性这两个特性中的一个，而另一个则表现得不充分。准公共产品具体又可以分为两类：一类是具有非排他性和不充分的非竞争性的公共产品；另一类是具有非竞争性特征，但非排他性不充分的准公共产品，如公共道路和公共桥梁。

这里要说明的是，在实践中，纯公共产品的范围是比较狭小的，但准公共产品的范围较宽，如教育、体育、公路、农林技术推广等事业单位，向社会提供准公共产品；而实行企业核算的自来水、供电、邮政、铁路、港口、城市公共交通等单位，也向社会提供准公共产品。

与公共产品相对应的是私人产品，它也可以分成两类，即纯私人产品和俱乐部产品。纯私人产品是指那些同时具备排他性和竞争性特征的产品，包括大多数私人产品；俱乐部产品是指在某一范围内由个人出资，并在此范围内的所有个人都可以获得利益的产品。准公共产品一般由准公共组织提供，也可以由私人提供。

(三)对教育产品的定性认识

根据上述理论，归纳起来，对于教育产品的经济性质的认识有公共产品、准公共产品和私人产品三种。

1. 教育属于公共产品的认识

有部分人认为，教育是一种"事业"，强调教育的外部性，认为教育通过人才资本的提升能对经济发展做出贡献。例如，义务教育是作为公共产品由政府承担的。

2. 教育属于准公共产品的认识

教育实际上是一种服务，这种服务具有一定的非排他性和一定的非竞争性。因为，对于处于同一教室的学生来说，甲在接受教育的同时，并不会排斥乙听课。也就是说，甲在消费教育产品时并不排斥乙的消费，也不排斥乙获得利益。但是，教育产品在非竞争性上表现不充分。因为，在一个班级内，随着学生人数的增加，校方需要的课桌、椅也相应增加，教师批改作业和课外辅导的负担加重，成本增加，故增加边际人数的教育成本并不为零；若学校的在校生超过某一限度，学校还必须进一步增加班级数和教师编制，成本会进一步增加，因而具有一定程度的消费竞争性。由于这类产品具有一定程度的消费竞争性，因而称之为准公共产品。确切地讲，高校教育作为准公共产品要由政府和受益者共同承担。

3. 教育属于私人产品的认识

主张教育属于私人产品的认识，完全简单照搬了公共产品理论和企业理论，认为教育有足够手段来排斥消费者。不过，此认识放弃了教育"育人"的本质特点，也忽略了高校教育传承文化的功能。

二、教育成本与效益的一般界定

(一)教育成本的一般界定

1. 教育成本的内涵

作为一种生产性投资，教育投资既存在投入和产出的比例问题，也存在成本和效益的计算问题。因此，教育部门应当像物质生产部门一样，进行成本核算。

英国教育经济学家约翰·希恩(John, Sheahan)指出："教育部门，同其他经济部门一样，要使用一部分宝贵资源。这些资源如不用于教育部门，就可以用于别的部门。"①美国著名经济学家舒尔茨(Theodore W. Schultz)认为："学校可以视为专门生产学历的厂家，教育机构(包括各种学校在内)可以视为一种工业部门。"②这些论述无疑是经济生产中的成本理念运用于教育领域的坚实理论基础。因此，西方教育经济学者把教育成本视为生产教育产品所投入的资源价值。

国内学者关于教育成本的概念，也有着不同的表述，如王善迈认为："教育成本是以货币形态表现的，培养学生由社会和受教育个人或家庭直接或间接支付的全部费用。"③袁连生认为："教育成本的本质是为使受教育者接受教育服务而耗费的资源价值，它既包括以货币支出的教育资源价值，也包括因资源用于教育所造成的价值损失。"④以上观点并没有太大的分歧。教育成本的实质就是教育资源耗费的价值表现形式，或者说耗费的物化劳动和活劳动的总和。它包括以货币支出的教育资源价值，也包括这些资源用于教育而非用于其他经济活动所造成的价值损失(即机会成本)。

2. 教育成本的构成

教育成本作为经济范畴，是指培养学生所耗费的社会劳动，包括物化劳动和活劳动，其货币表现为由社会和受教育者个人或家庭，直接和间接支付的培养学生的全部费用。但是，不是所有投入学校或社会的教育资源均属于教育成本范畴，只有那些用于培养学生的，可以通过直接归集与间接分配到学生上的可用货币计量的资源，才构成教育成本。严格来说，教育成本包括以下三方面。

(1)培养成本，又称生产成本，即学校为培养一定数量和层次的学生所支出的一切开支和耗费。

(2)增量成本，即学生为学习或读书所增加支付的那部分生活费用。

(3)机会成本，即学生因为学习而未能参加工作等带来的机会损失。

对于学校来说，教育成本往往被视为学校为培养学生支出的费用，其他两项则忽略不计，即以培养成本代替教育成本。本书中的教育成本除另有说明外，均

---

① 约翰·希恩著，郑伊雍. 教育经济学[M]. 北京：教育科学出版社，1981.
② 舒尔茨. 教育的经济价值[M]. 长春：吉林人民出版社，1982.
③ 王善迈. 教育投入与产出研究[M]. 石家庄：河北教育出版社，1996.
④ 连生. 教育成本计量探讨[J]. 北京师范大学学报：社会科学版，2000.

基于此理解。

(二)对效益的理解

对于效益的理解,有广义和狭义之分。

1. 广义的效益即指效用与收益

效用是指人从消费某种物品(或劳务)中所得到的满足程度。收益有很多概念,可以归纳为两种类型,即经济学收益与会计学收益。经济学收益有许多解释,其中,美国经济学家欧文·费雪(Lning Fisher)认为,经济学的收益有三种含义:①精神收益,即人的心理需要的满足程度;②真实收益,即一定时期内经济财富的增加;③货币收益,即经济资源货币价格的增加。在会计上对收益也有许多解释,但一般认为,收益代表投入价值与产出价值之比,或者是产出大于投入的差额。[①] 由此可见,广义的效益不仅仅局限于某种经济活动,还关注相关的多种经济活动,或者说不仅仅关注某种经济活动本身。本书对效益的定义基于广义的理解。

2. 狭义的效益,一般指经济效益,即仅关注经济活动本身

经济效益又有两种理解,一种认为,经济效益是指经济活动中劳动耗费与劳动成果的比较,其中,劳动耗费是指经济活动中实际消耗的活劳动量和物化劳动量;另一种认为,经济效益是指经济活动中的劳动占用与劳动成果的比较,其中劳动占用包括活劳动的占用和物化劳动的占用。一般认为,全面的、科学的经济效益观不仅仅要注重当前经济效益,更要注重长远经济效益;既要关注微观经济效益,又要关注宏观经济效益;同时,还要考虑与社会效益、生态效益的有机结合。

由此,笔者认为,效益是人们在各项经济活动中应当首先遵循的原则。各种投入都要讲效益,并且尽可能以较少的投入取得较多、较好的产出,以满足人们的需求。对于效益的不同理解,影响着人们对效益的不同评价。遵循什么样的效益观,以及对效益的关注程度,决定了人们对投入行为或方向的选择,从而决定着人们对于教育成本采取什么样的管理模式。

---

① 欧文·费雪,费雪,陈彪如. 利息理论[M]. 北京:商务印书馆,2013.

（三）利益相关者理论及作用

1. 利益相关者概念的提出及演变

利益相关者概念的提出是在 20 世纪 60 年代，它的发展是一个从利益相关者影响到利益相关者参与的过程，经历了以下三个阶段。

(1)20 世纪 60 年代斯坦福大学研究小组的定义：利益相关者是指对企业来说存在这样一些利益群体，如果没有他们的支持，企业就无法生存。人们开始认识到，企业存在的目的并非仅为股东服务，在企业的周围还存在许多关系到企业生存的利益群体。

(2)20 世纪 80 年代美国经济学家弗里曼（Christopher Freeman）的定义：利益相关者是指能够影响一个组织目标的实现或者能够被组织实现目标过程影响的人。[1] 这个定义提出了一个普遍的利益相关者概念，不仅将影响企业目标的个人和群体视为利益相关者，还将企业目标实现过程中受影响的个人和群体也看作利益相关者，正式将社区、政府、环境保护主义者等实体纳入利益相关者管理的研究范畴，极大扩展了利益相关者的内涵。然而，采用这种广义的利益相关者界定方法，在实证研究和应用推广时几乎寸步难行，也无法得出令人信服的结论。

(3)20 世纪 90 年代中期美国经济学家大卫·布莱尔（David Blair）的定义：利益相关者是指那些所有向企业贡献了专用性资产，以及作为既成结果已经处于风险投资状况的个人或集团。利益相关者是企业专用性资产的投入者，只有他们对其专用性资产拥有完整的产权，才能相互签约组成企业。[2] 专用性资产的多少以及资产所承担风险的大小正是利益相关者团体参与企业控制的依据，可以说资产越多，承担的风险越大，利益相关者所得到的企业剩余索取权和剩余控制权就应该越大，那么他们拥有的企业所有权就应该越大，这也为利益相关者参与企业所有权分配提供了可参考的衡量方法。

2. 对利益相关者两种较具代表性的界定评价

(1)弗里曼（Freeman）认为，利益相关者是受企业的决策、政策、做法或目

---

[1] R. 爱德华·弗里曼，弗里曼，王彦华，等. 战略管理：利益相关者方法[M]. 上海：上海译文出版社，2006.

[2] 汪雪. 基于利益相关者理论的公司治理研究[D]. 广州：华南师范大学，2007.

标影响，反过来也能影响企业的有关做法或目标的任何个人或群体。[①] 1984年，弗里曼出版了《战略管理：利益相关者管理的分析方法》一书，明确提出了利益相关者管理理论。利益相关者管理理论是指企业的经营管理者为综合平衡各个利益相关者的利益要求而进行的管理活动。与传统的股东至上主义相比较，该理论认为任何一个公司的发展都离不开各利益相关者的投入或参与，企业追求的是利益相关者的整体利益，而不仅仅是某些主体的利益。

(2) 美国管理学家威勒(Wheeler)认为，对利益相关者从相关群体是否具备社会性以及与企业的关系是否直接由真实的人来建立两个角度分析。其比较全面地将利益相关者分为四类：第一，主要的社会利益相关者，他们具备社会性和直接参与性两个特征；第二，次要的社会利益相关者，他们通过社会性的活动与企业形成间接关系，如政府、社会团体、竞争对手等；第三，主要的非社会利益相关者，他们对企业有直接的影响，却不作用于具体的人，如自然环境等；第四，次要的非社会利益相关者，他们不与企业有直接的联系，也不作用于具体的人，如环境压力集团、动物利益集团等。[②]

根据上述两种界定，人们对利益相关者理论也有两种理解：一种认为企业应对诸多利益相关者负责任；另一种认为商业行为应考虑诸多利益相关者的利益。利益相关者理论强调诸多利益相关者之间的利益均衡，这实际上正是宏观效益、社会效益、长远效益等关注的焦点，也是全面、科学地理解效益的基础。这里的利益相关者，既包括个人与团体，又包括社会各个方面；既有现实利益相关者，又有潜在利益相关者等。

3. 利益相关者理论为高校经营及效益管理提供了理论支持

根据利益相关者理论分析，高校的利益相关者是创造高校价值、有能力影响高校的活动并受高校活动过程或结果影响的人或组织。按其与高校的密切程度，高校的利益相关者可以分为三个层次：一是核心层，包括教师、学生、高校管理人员；二是中间层，包括政府、校友、科研经费及贷款提供人等；三是边缘层，包括周边社区和社会公众。这些利益相关者不同程度地参与了高校的活动并受其

[①] R. 爱德华·弗里曼，弗里曼，王彦华，等. 战略管理：利益相关者方法[M]. 上海：上海译文出版社，2006.

[②] 威勒. 利益相关者公司[M]. 北京：经济管理出版社，2002.

影响，都期望从高校的活动中得到收益，因此高校不仅要管理而且要善于经营，才有能力更好地满足利益相关者的各种需求。经营与管理是有区别的，高校可以不以营利为目的，但是不能没有收益。

三、成本管理概述

（一）成本管理的产生与发展

现代成本管理是成本管理发展到一定阶段的产物。成本管理理论与实践的演进历程，以作业成本管理（Activity-Based Costing Management，ABCM）为分水岭，大体可将成本管理分为经验管理阶段、科学管理阶段和现代成本管理阶段。

1. 经验管理阶段

19世纪初至20世纪初期是形成阶段，即经验管理阶段。

随着生产力的发展和产业结构的出现，经济活动和经济关系开始复杂化，客观上要求在生产过程中计算企业的生产费用支出并确定产品成本，于是开始实行成本核算。第一次工业革命后，企业规模不断扩大，"生产主导型"战略初步形成，企业竞争日益激烈，主要表现在生产成本的高低，这样就使成本计算与会计核算结合起来，形成了成本管理。这一时期的成本管理强调应用会计的原理、原则来计算成本，以事后核算和控制为重点，因此，这时尚处于成本的经验管理阶段。

2. 科学管理阶段

20世纪初期至第二次世界大战前是发展阶段，即科学管理阶段。

20世纪初，"生产主导型"战略方兴未艾，美国管理学家弗雷德里克·泰勒（Frederick Winslaw Taylar）认为，企业管理的根本目的在于提高劳动生产率，要求企业把可以避免的各种生产经营损失和浪费尽可能地缩减到最低限度，通过实现各项生产和工作的标准化来提高企业利润。这给成本管理提供了启示。实行标准成本制度后，成本管理开始由事后成本计算转向事前制定标准[①]。

[①] 弗雷德里克·泰勒，Frederick Winslow Taylor，泰勒，等. 科学管理原理[M]. 北京：机械工业出版社，2013.

3. 现代成本管理阶段

第二次世界大战后至今是成熟阶段，即现代成本管理阶段。

第二次世界大战后，企业战略管理模式由"生产主导型"战略向"需求主导型"战略转化。现代企业管理的思想，提出了"生产的重心在经营，经营的重心在决策"，把成本管理推向现代化管理的地位。因此，现代成本管理的主要特点是成本与管理相结合，以成本干预生产。20 世纪 50 年代以后，随着经济的高速发展，成本管理理论也在更新，同时孕育了现代成本管理。现代成本管理是成本管理技术的集成，即在一定理念和文化下，运用一系列的成本管理方法从全局、系统的视角来降低企业成本，同时培养和提升企业核心竞争力，从而形成企业的可持续发展战略，其中最典型的是战略成本管理。

（二）战略成本管理的基本内涵

战略成本管理的基本思想，包括成本源流管理思想、与企业战略相匹配思想、成本管理方法措施融入思想和培养职工的成本意识等，主要是从战略角度来研究成本的各个环节，从而进一步找出降低成本的途径。要正确理解战略成本管理的基本思想，就要把握以下内涵。

1. 战略成本管理以贯穿成本源流管理为核心理念

战略成本管理认为，控制成本发生的基础条件是降低成本，因此它强调以改变成本发生的基础条件为目的的方法措施，其主要方法有重构价值链、控制成本动因等。例如，按照成本管理方法措施的业务流展开，包括开发与研究过程的成本管理、时间成本与质量成本管理、适时制的应用、价值链的纵向整合等。

2. 战略成本管理实质上是一种全面成本管理

战略成本管理是一种集全方位、全过程和全员管理于一体的现代成本方式，原因在于：第一，它强调从产品设计就关注成本的意义；第二，它强调从成本预测、决策、计划、核算、分析以及考核等各个方面找出降低成本的途径；第三，它强调培养职工的成本意识，要求人人参与，不能只有领导参与成本的管理。笔者认为，管理要从成本发生的源流着手，控制成本需要全体职工的共同参与，要培养职工的成本意识。

3. 战略成本管理以产品全寿命周期成本为主要管理对象

战略成本管理以实现企业可持续发展战略为最终目标，站在整个物质产品的循环过程来看待成本的耗费及补偿，注重对产品整个寿命周期进行目标成本管理，并实行规划和产品设计的一体化管理，从根本上降低成本，实施技术与经济的最佳结合。

4. 战略成本管理的主要环节

成本管理的内容和环节，取决于成本管理的职能，一般包括成本预测、成本决策、成本计划、成本控制、成本核算、成本分析和成本考核等七项。成本核算是基础，是原始的成本管理，也是狭义的成本管理；成本管理的其他内容是在成本核算的基础上，随着企业经营管理要求的提高和管理科学的发展，逐步发展形成的。现代成本管理是广义的成本管理，实际上就是成本会计。

（三）成本管理中的有关成本概念的界定

1. 相关成本和无关成本

相关成本，即与决策有关的成本，与无关成本对应。沉没成本是一种典型的无关成本，即过去已经发生而无法由现在或将来的决策所能改变的成本。下列属于相关成本的范畴：一是差量成本，即决策者在两个备选方案中进行选择时，就同一项或同一类可比成本之间的差异或差量；二是机会成本，即因选择某项方案而放弃其他方案所损失的收益。

2. 可控成本和不可控成本

不可控成本是指管理者不可控制或者在管理者控制范围外的成本。从成本管理的角度看，那些可控的成本才是责任成本管理需要解决的主要问题。不过，可控成本与不可控成本也是相对的，在一定条件下，二者可以相互转化。

3. 固定成本和变动成本

按照成本与业务量的依存关系，成本分为固定成本和变动成本。固定成本是指在一定时间和一定业务量的范围内，其费用发生总额不随业务量的增减而变化的成本。变动成本是指在一定时间范围内，其费用发生总额随业务量增减变化的成本。正确理解变动成本要注意：一是单位业务量分摊的变动费用是相对固定的；二是其中一些费用虽然也随业务量的变化而变动，但不成正比例变动，这部分费用称为半变动费用。

4. 标准成本和责任成本

标准成本，即为了达到控制成本的目的，在生产经营活动开始前，根据产品结构和生产工艺过程，采用科学方法进行测算所预先制定的产品生产经营耗费限额。责任成本，即为考核成本责任者的成本责任而制定的一种成本。责任成本提出的目的在于落实成本责任，考核成本管理工作绩效，为加强成本管理提供信息。

四、支出、费用及成本的比较

（一）在一般及经济上意义的比较

1. 一般意义上的含义

在日常英语中，支出一般为"pay""expend"等，费用一般为"cost""expenses"等，而成本一般为"cost"等。按照《现代汉语词典》上的解释，"支出"有"付出去、支付"和"支付的款项"（跟"收入"相对）两层含义；"费用"为"花费的钱、开支"；而"成本"解释为"产品在生产和流通过程中所需的全部费用"。《辞海》中"成本"解释为"产品价值的一部分的货币表现"。严格来说，此解释属于一种经济上的界定。实际上，一般意义上的"成本"常常被理解为"为特定目的而发生的各种耗费"，如经常提到的产品成本、各种各样的投资成本等。

2. 教育经济学上的含义

我国教育经济学上经常提到的"办学成本"，一般是指学校培养成本，即"学校为培养人才所需耗费的物化劳动和活劳动的货币表现"。此处成本作为一个理论概念，是指培养出一位人才所耗费的劳动，所以办学成本在教育经济学上也可以称为办学费用。

由上述内容可以看出，在含义外延和使用范围上，办学成本相对办学支出、办学费用较窄。但是，在实际生活中，三者常常相互混用，尤其是办学费用和办学支出。在教育经济学上，并不严格区分费用和成本，办学成本可理解为办学费用。虽然成本在传统经济理论中一般界定为"生产成本"，但是，因西方经济学上的成本的内涵，还包括了一部分利润(称为正常利润)，所以其内涵较我国经济学上的成本内涵要丰富，所包括范围要广。虽然办学支出与办学费用或成本存在着各种联系,成本或费用总是与一定的支出相关,但是,不管是在我国经济学上,还是在西方经济学上,都对成本更为关注,成本在经济学中得到了很好的应用和解释。

(二)在高校财务意义上的比较

1. 办学支出和办学费用

在我国高校财务中,办学支出一般指高校在人才培养过程中为获得另一项资产、为清偿债务所发生的耗费资产的流出。就某一会计期间而言,办学支出可以是现金支出,也可以是非现金支出。就长期而言,所有办学支出最终由现金支出来实现。在高校财务中,办学支出仍比办学费用所包含的范围要广泛。只有那些在学校教育教学活动中为培养高素质人才而发生的各种支出,才是费用;而其他原因发生的支出,如偿还借款、支付应付账款、为购买固定资产而支付的款项等,都与培养人才无关,都不能构成学校的办学费用,并不是所有的办学支出在一发生时就是办学费用,但是办学支出或早或迟最终都转化为办学费用。

一般来说,高校的办学费用按经济用途可分为应计入培养成本、科研成本的费用和不应计入培养成本、科研成本的费用。其中,前者又可分为直接费用和间接费用,后者可分为管理费用、财务费用和营业费用(即组成期间费用)。按照经济内容可分为劳动对象方面的费用、劳动手段方面的费用和活劳动方面的费用。

2. 办学费用和办学成本

办学成本是指对象化的费用。可以从费用与成本的区别与联系来分析。例如,高校教育成本是相对于一定的人才所发生的费用,是按照人才培养层次等成本计算对象对当期发生的费用进行归集而形成的;办学费用是资产的耗费,它与一定的会计期间相联系,而与培养哪类人才无关;高校教育成本与一定种类和数量的人才相联系,而与发生在哪一个会计期间无关。因此,在高校会计工作中,办学成本的含义和一般意义上的成本一致,即一种为特定目的而发生的耗费。

由此不难看出,在我国高校财务中,办学费用的内涵比办学成本的内涵要深。这里可以把办学成本理解为办学费用的一部分,但是在实际应用中,二者又是平行的,可以相互转化。在办学支出、办学费用和办学成本中,只有费用构成一项会计要素或会计报表要素,且和收入相对应而存在;只有办学成本能被当作一种计量费用的手段,而办学支出、办学费用则不能。

从确认角度来看,办学支出的确认比较简单,一般只要流出或发生了,即可确认某项支出。办学费用的实质是资产的耗费,但并不是所有的资产耗费都是办学费用。在高校财务中,教育成本的确认过程即一定时期办学费用归集和分配的过程,即从办学费用对象到某一人才的过程。一定时期所发生的办学费用构成了办学成本的基础。在高校财务管理中,办学成本较为宽广,其确认要依其专门界定,某一项成本总是有专门的界定或确指,如固定成本、沉没成本、机会成本等,现代成本管理还引入了作业成本等。

第二节 高校教育成本的界定及核算

对高校教育成本的不同界定,决定了对高校教育成本核算方式的不同。高校教育成本计量是提高经费办学效益的客观需要,也是不同成本核算对象公平分担成本的内在要求。高校经费支出并非都属于教育成本核算的范畴。

一、高校教育成本概述

(一)高校教育成本的相关概念

1. 高校教育成本的含义

高校教育成本是指高校在教育活动中用于培养学生所耗费的教育资源的价值,具体有广义和狭义两种理解。

广义的高校教育成本,是指培养一位合格的高校毕业生,国家、家庭和社会所耗费的全部费用,或学生在高校教育阶段,接受教育服务所耗费的资源的总价值。它主要由四部分组成:一是高校为培养学生所发生的一切资源耗费;二是学生个人或其家庭支付的学费和生活费用;三是政府和社会将资源用于高校教育而损失的收益,即公共机会成本;四是学生因接受教育服务而损失的收益,即个人机会成本。

狭义的高校教育成本,是指高校教育机构用于培养学生所耗费的,可以用货币计量的教育资源的价值,是一种通过财务系统专门的方法计算的实际成本,不包括社会和个人投资于高校教育丧失的机会成本。机会成本是通过投入在最佳使用状态下的价值来衡量的,是为了能达到最佳选择所花费的成本,而不是对教育支付的实际费用。

2. 与高校教育成本相关的两个概念

在目前的一些相关文章中,高校教育成本的概念总是与高校办学成本和教育成本纠缠在一起,使高校办学成本核算变成了一个复杂的问题。

(1)高校办学成本指高校为培养学生所发生的一切资源耗费,既包括直接的有形损耗和无形损耗(如折耗),也包括间接的机会成本。由于在实际的核算过程中,个人和社会的机会成本属于理论意义上的成本,难以选取合理的标准加以计量,因而较难进行统计。在教育投资决策,如计算教育成本时应充分考虑,而在通常的会计核算办学成本中,可以暂时舍去,否则往往会因顾虑过多而迟疑不决。从会计学角度来看,高校办学成本是高校在一定会计期间内为了培养学生所耗费的一切资源的总价值,所耗费资源的补偿主要来自政府拨款、社会捐赠、学生交给学校的学费、住宿费和伙食费。

(2)有学者提出了"高校教育成本"这一概念,认为它属于高等教育成本的下位概念,是指高校培养学生所耗费的费用,即高校为学生提供高等教育服务而耗费的教育资源的价值。高校教育成本显然和高校办学成本相同。为了增强概念的确定性,减少不必要的歧义产生,笔者认为,可以用高校办学成本涵盖高校教育成本。

(二)高校教育成本的构成

狭义上的高校教育成本,主要由以下几部分组成。

1. 教学费用

教学费用即高校在培养学生的过程中直接用于教学的费用,具体包括:①直接服务于教学的教师的基本工资、绩效工资以及社会保障所缴费用;②直接用于教学的费用,如仪器购置费用、教学中的消耗性费用及其他教学物资购置费用;③教学辅助费用,如图书馆的建设、网络信息资源的购置、学术报告举行所需的费用等。

2. 学生费用

学生费用即直接用于学生的各类费用开支，如奖学金、助学金、特困补助、学费的减免、学生的医疗费补助等。

3. 科研费用

科研费用包括纵向科研费用和部分横向科研费用。参考美国卡内基教学促进基金会制定的高校教育机构分类，根据一定周期内纵向科研费用数量，将目前我国的高校分为研究型、研究教学型、教学研究型以及教学型四类，据此各类高校的办学成本应该有所区别。对横向科研费用，各高校都应该根据自己的实际情况将适当比例的科研经费计入办学成本之中。

4. 社会服务费用

在办学成本构成中增加社会服务支出，是为了促进高校成为社会发展的助推器，引领社会前进的力量。例如，产学研基地和农业特派员费用等。

5. 管理费用

管理费用即学校管理部门所发生的各项费用支出，具体包括：管理和服务人员的工资以及这些人员要维持学校的正常运转所花费的各项费用支出。至于后勤服务支出，应根据高校后勤社会化的改革要求，依不同情况具体对待。

6. 折耗及修缮费用

固定资产都是有一定使用年限的，因而固定资产的投资应该按其使用年限分期计入办学成本之中。与之相关联的是，固定资产在使用过程中还需要不断维护和修缮，因此这笔费用也要计入相应期间的办学成本中。

此外，按成本对教育运行的功能可分为人员经费、公用经费和专项经费。人员经费包括基本工资、补助工资、其他工资、职工福利费、社会保障费和助学金；公用经费包括公务费、业务费、设备购置费、修缮费、其他费用和房屋折旧费等；专项经费包括按照项目管理的不在上述分类中的有专门用途的费用。

（三）高校教育成本的特性

1. 成本补偿的间接性及滞后性

高校教育成本与制造业成本是不一样的。学费只是教育成本的一部分，不能完全补偿高校教育投入。高校教育成本的补偿不是发生在教育过程中，而是发生在学生毕业后所从事的各种工作中。同时，与物质产品周期比较，高校教育成本回收期更长，往往要等到学生毕业之后通过就业或创业才会有补偿的可能。可见，教育资金投入产生效益具有明显的滞后性。研究发现，教育成本回收周期虽长、效益滞后，然而这种投入的效益是显性的甚至是加倍的，比一般物资生产领域的投入所产生的效益要大得多，并且这种效益是持久而稳定的。

2. 成本核算区间的不确定性

在企业里，不同期间、不同产品的生产成本的界定是非常清晰、明确的。高校教育的中心任务是人才培养，教育成本投入涉及经济效益、社会效益。高校教育成本的界定在不同期间、不同专业乃至不同毕业生之间的界定存在较大的模糊性或不确定性。第一，成本项目或要素内容的不确定性，即哪些费用支出应计入教育成本核算，目前没有一致的规定。第二，费用支出计入教育成本时数额的不确定性。高校教育成本项目部分费用支出要准确界定出计入成本的数额，存在相当大的困难，如科研支出等，为社会解决应用性问题所进行的科研，其成本支出较少与培养学生有关。第三，成本受益对象和受益期间合理划分不是一件容易的事。

3. 单位成本递增趋势

在物资产品生产领域，随着科技进步和管理的加强，单位产品的生产成本是递减的。随着时间的推移，教育成本却在不断上升。造成成本递增的原因是多方面的，主要受资金取得额度大小、人才培养质量要求、现代科技在人才培养领域中的运用等因素的影响。事实上，高校教育并不以追求成本最小化为目标，相反，大量的高校存在着追求成本最大化的倾向。美国教育家霍华德·R.鲍恩（Haward R. Bowen）对此做过深刻的分析，他认为，院校的主要目标是办学成绩卓越、声望显赫、影响深远。为了追求这些有成果的教育目标，高校所需的费用实际上是无止境的，无论开支多少也难以被认为足够[①]。也就是说，高校费用支出的刚性决定了教育成本不断递增的特性。

4. 人力成本构成比例偏高

在我国高校成本构成中，人力成本一般占到经常性支出的50%左右，老牌

---

① 李岩.高校教育成本的特点分析[J].华章，2011，000(024)：192.

高校更是接近60%，教育活动协作性强，教育资源共享程度高，各项人力投入具有综合性，如行政管理人员、教辅单位人员的工资性支出。尤其是随着教育改革的深入，许多高校非常重视高层次人才的引进，导致高层次人才引进费用不断增加，更加重了人力成本构成比例。

二、高校教育成本的核算和计量

（一）高校教育成本的核算

1. 高校教育成本核算的含义

高校教育成本核算就是利用一定的技术手段和方法，对高校教育运行过程中各种费用的发生和成本的形成进行核算，以此确定在人才培养过程中用于一定人才对象的劳动价值耗费的总和。高校教育成本核算包括两个基本环节：一是按照规定的成本开支范围，对各项费用进行汇集，计算出为培养学生而支付的实际发生额；二是根据成本核算对象，采用适当的方法计算出高校教育总成本和生均教育成本。

进行高校教育成本核算是由高校教育固有的产业属性决定的，是市场和政府共同配置高校教育资源的内在要求和客观必然。由于高校教育具有明显的产业经济属性，在高校管理中理应引入经营管理的理念，如市场需求、投入产出、成本核算与补偿等方面。高校作为以人才培养为中心的事业单位，不像企业单位那样直接从事物质资料等有形产品的生产和销售，但同样存在着投入和产出，需要消耗大量资源。因而，在市场经济条件下进行高校教育成本核算，对微观办学和宏观教育管理都具有十分重要的意义。

2. 高校教育成本核算的基础

高校教育成本核算的基础是指通过会计核算方法来计算成本所采用的记账基础。会计核算基础具体有四种，即完全的应收制、修正的应收制、完全的实收制和修正的实收制。从我国目前高校的实际情况来看，以修正的实收制为核算基础较适宜。

高校作为社会培养高级人才的非营利性组织，政府补助是其资金的重要来源。为了便于完整地反映各部门预算执行的情况，准确、及时地反映教育经费支出的情况，客观上需要高校会计核算对这部分预算资金进行反映。因此，现行高校会计制度要求会计核算采用收付实现制，在会计科目的设置上与政府预算收支科目保持一定的对应关系，与我国公共财政预算管理制度相适应，能够满足实施全面预算管理的需要。要进行教育成本核算，就必须按权责发生制原则，设置成本费用归集分配的会计科目，进行教育费用的归集与分配。为了既能在会计核算中反映国家预算教育经费支出，满足国家教育经费统计需要，又能在现行的会计核算体系下进行成本核算，满足高校内部管理和外部使用者的需要，比较可行的是：改革现行的完全的收付实现制为以收付实现制为主，同时结合权责发生制，进行会计核算和教育成本核算。

3. **高校教育成本核算的基本内容**

高校经费支出并非都属于教育成本核算的范畴。教育成本核算不同于一般的成本核算，也不同于高校的日常收支核算。因为高校的教育经费支出并不都是用于教育培养，如不承担教育教学任务的离退休人员的工资和其他费用等支出，原则上应计入教育成本。

(1)确定教育成本核算对象。确定教育成本核算对象就是反映归集费用的对象。教育资源耗费的受益者应当就是成本归属的对象。

(2)确定教育成本核算期限。成本核算期限应与"产品"的生产周期一致。由于高校的主导"产品"的生产周期即人才培养周期是以学制来确定的，所以人才培养成本的核算期限理应就是学制年限。考虑到人才培养的周期一般较长，以此作为人才培养的唯一成本核算期限又不利于及时加强成本控制，因此，结合高校学期、学年活动规律性较强的特点，以学期或学年为成本核算期限比较合适。

(3)确定教育成本开支范围。教育成本核算的过程，实际上就是费用的归集和分配的过程。为了正确归集和分配各种费用，应根据权责发生制和"谁受益谁负担"的原则，正确划分费用的归属期，由受益期的各受益对象合理负担。凡是由本期成本负担的费用，即使已经支付，也不能计入本期成本；各成本对象之间的费用管理应按成本受益原则来划分，按各个成本对象有无受益和受益程度来分摊。受益者分担成本，未受益者不分担成本，收益多少分担多少。具体来说，要划分以下几种费用界限。①划清各种费用界限，确定成本开支范围。组织教育成本核算，首先要根据教育成本内涵，确定高校发生的各项开支是否属于教育费用，应不应该计入教育成本；②划分收益性支出和资本性支出的费用界限。在高校的支出中，收益性支出是指在办学过程中发生的人员费用和公用费用等经常性项目的支出；资本性支出通常是为取得固定资产、无形资产等长期性资产而发生的支出；③划分应计入和不应计入教育成本的费用界限。高校发生各项费用支出包括教学费用支出、科研支出和基建支出等。高校投入的各种资源，只有用于培养学生所消耗的资源才能构成教育成本；④划分应计入和不应计入本期教育成本的费用界限。按照权责发生制的要求，确定不同期间的费用。只有采用权责发生制才能严格划分经费发生的受益期间，按照"谁受益谁负担"的原则分摊费用，科学地计算高校人才培养成本；⑤划分各成本对象之间的费用界限。为了正确计算各专业、各年级学生的教育成本，必须按照受益原则，把本期教育成本费用在各成本对象之间进行划分。

(4)登记教育成本费用明细账。计算各个教育成本对象的成本数额，必须通过费用成本的明细分类核算才能完成。因此，教育成本核算必须按规定的成本项目为各个成本计算对象开设有关的成本明细分类账户；应根据各种费用凭证，运用正确的会计科目和记账方法，将发生的各种费用正确地在各费用成本明细分类账户上进行记录，真实、全面地反映高校教育成本的耗费情况，以此计算各成本对象的成本数额。

(二)高校教育成本的计量

高校教育成本计量是提高经费办学效益的客观需要，也是不同成本核算对象公平分担成本的内在要求。通过高校教育成本的计量，可以为确定学费及财政补助标准提供主要的参考依据或方法。

1. 高校教育成本计量的特点

高校教育成本计量具有模糊性，主要表现在以下方面。

(1)成本构成项目的模糊性。教育经费支出中有哪些项目归属成本范畴，学术界至今意见不一，尚无统一规定。

(2)成本计算数额的模糊性。因计量方法的不同或分配标准的不确定性，使得某些支出项目较难准确计算出应计入成本的金额，如高校科研具有服务教学和服务社会的双重功能，其中计入教学成本的金额需具体分析。

(3)成本标准的模糊性。由于培养合格人才的具体标准尚未统一，因此培养学生必须投入的软件和硬件设备没有统一要求，培养学生的成本标准与成本定额没有明确界限。

(4)共同费用分摊的模糊性。高校教育由于教育活动协作性强、教育资源共享程度高,支出中共同性费用较多,使教育成本的核算较物资生产企业更为复杂,如图书资料、体育设施等投入均属于共同性费用,科学合理的分摊方法直接影响到成本计算的准确性。

2. 高校教育成本计量的方法

高校教育成本计量的方法一般有以下三种。

(1)统计调查法。统计调查方法就是利用现成的高校财务资料或抽样调查获得的资料,经过适当调整而获取高校教育成本数据的方法。在目前的教育成本研究中,所用的教育成本数据一般是用此方法得到的。

(2)会计调整法。虽然迄今为止还没有进行教育成本核算,但是各个高校都存在教育经费收支的会计记录。利用这些现存的会计记录,经过调整,可以将教育经费支出数据转换成教育成本数据。这一方法与统计调查法有一定的相似之处。如果统计调查的基础数据是会计记录,且将统计调查数据调整成教育成本时依据了会计核算的成本计量原则,那么这两类方法得到的结果就基本一致。因此,在没有进行教育成本核算的情况下,又要得到比较系统准确的教育成本数据,采用此方法比较适宜。

(3)会计核算方法。教育成本核算是利用会计系统,通过设置、登记账簿,记录教育资源的耗费,计算教育成本。只有会计系统的账簿记录,才能提供系统、准确的学校教育成本信息。因此,如果要系统、准确地计量教育成本,一般采用此方法。

3. 我国高校教育成本计量的现状分析

(1)会计基础不同导致成本计量口径及方法不一致。首先,为区别资本性支出与收益性支出,大型设备购置费、基建(含大中型修缮工程)费不应该全部一次性计入当年成本,而应采取一定的折旧和摊销方法计入。其次,在收付实现制度下,离退休人员经费列入人员经费支出,但在计算教育成本时,一般认为,离退休经费支出不应计入高校学生培养成本,因为离退休人员与培养过程无关,反而在职人员的目前尚未发生的有关"五险一金"费用应该计入培养成本。随着新高校财务制度的出台,此问题将得到解决。

(2)经费支出的不同分类增加了成本计量的难度。经费支出按照支出用途而未按照支出方向进行核算，这不利于对成本计量对象进行归集和分配。例如，教师的科研经费计入学生培养成本的问题，对于高校来说，科研过程在很大程度上也是一个学生培养的过程。一般认为，教师的科研经费属于教育成本中的其他直接费用，科学研究使教师的水平不断提高，使教学方法、内容不断充实和更新，学生参与科研的过程也是进行研究训练和创新教育的过程。因此，无疑应该构成教育成本不可缺少的内容。但是，科研经费中的学生培养支出如何科学地分摊，势必增加成本计量的难度。

(3)不同层次、不同专业的学生人数折算标准不一。在目前的计算方法中，由于投入无法按照成本对象进行核算和归集，即无法分开核算专科生、本科生、研究生的培养成本，因此，在计算生均成本时，分别采用折合标准本科生人数。这种折合方式有没有科学依据，如果没有依据，又没有更好的替代办法，这是亟待验证和解决的问题。

针对上述困难，我国并没有现成的教育成本核算资料，在实际工作中，往往是用现有教育经费统计资料和用相关统计资料估算高校教育成本。在分析高校教育成本时，都是直接用生均教育经费替代生均教育成本。这里要说明的是，利用教育经费统计资料和相关统计资料对教育成本进行估计是可行的，但毕竟是一种估算的成本，不能做到十分准确。从教育成本数据的质量要求看，它主要是为各级政府制定学费标准、拨款依据，为学生或家长了解教育成本，以及为学校内部成本控制提供信息。

三、新财务制度下高校教育成本的运行机制

高校教育成本核算的范围是一个交叉性的集合，一个多功能的整体和一个综合的系统。新财务制度下如何保障高校教育成本核算的有效运行，是一项复杂的系统工程。

(一)全面而深入地实施新的高校财务制度

近年来，社会各界对高校的财务会计信息的准确度和透明度要求很高，对与收费相关的生均培养成本的计算非常关注。高校财务管理实行基于权责发生制的成本核算和绩效评价，能够更准确、更全面地反映高校提供的教育服务所耗费的

资源成本,更好地将投入与产出进行配比,对高校的财务状况和工作业绩的综合评价更准确、真实、客观。新制度的实行,从权责发生制要求和便于成本核算的角度,增加了如下内容。

1. 规定了费用的定义、计入方法及内容

费用是指高校在开展教学、科研及其他活动过程中发生的资产耗费和损失。界定费用概念是开展成本核算的基础。在权责发生制基础下,对不同类型的支出采取相应方式归集费用,是成本核算所必需的前提。高校的支出应当分为资本性支出和收益性支出。高校发生的收益性支出计入当期费用;发生的资本性支出以资产折耗的形式分期计入费用。资产折耗包括高校的固定资产折旧和无形资产摊销。

2. 进一步明确了费用核算的方法和内容

成本计算的过程实际上是一个将费用归集和分配到成本对象的过程。成本核算是指将高校业务活动中所发生的各种耗费按照核算对象进行归集和分配,计算出当期的总成本和单位成本。因此,费用归集后才能进行成本核算,而费用按其用途归集分为教育费用、科研费用、离退休费用、管理费用和其他费用。同时,将教学、科研的费用具体组成内容区分为人员费用、公用费用和资本折耗费用,将教学费用、教辅费用、学生事务费用均归并到教育费用。教育费用是指高等学校在教学、教辅、学生事务和其他教育活动中,发生的人员费用、公用费用和资本折耗费用。教育费用相当于人才培养成本的范畴。

3. 其他间接费用的有关规定

(1)明确管理费用的组成,主要包括:高校行政管理部门发生人员经费、公用经费和资产折耗等费用;高校统一负担的工会经费、诉讼费、中介费、印花税、房产税和车船税等。将行政管理部门的费用和其他期间费用并入管理费用,有利于对管理费用的管理与控制。

(2)将"离退休费用"独立出来。离退休费用是指高等学校统一负担的离退休人员社会保障和福利待遇方面的各类费用。将其独立出来主要是考虑:高等学校是人力资本集中的地方,离退休人员费用比重较大且必须加以保证,如果将其归并到管理费用之中势必会加大管理费用的口径,不利于真实客观地反映管理费用。

(3)其他费用是指高校无法归属到上述费用中的其他各项费用,主要包括高校对附属单位的补助、上缴上级费用、财务费用、捐赠支出等。

(二)逐步建立全面成本管理体系

高校要像抓教学质量那样,推行全面成本管理,坚持专业管理和群众管理相结合的原则,形成全员抓成本管理的网络,使成本管理渗透到高校教育教学管理的各个方面、各个环节,真正形成人人关注成本、人人控制成本的新局面。

1. 成立专门机构,明确成本管理职责

高校财务部门应设立财务成本管理科或者成立高校教育成本管理中心,明确成本管理职责,定期向学校反映高校教育成本核算信息,为高校加强财务管理等提供准确的财务管理信息。从纵向上讲,要建立校、院、系三级核算体系,进而以院为基本核算单位,全面进行设备折旧、材料及低值易耗品摊销和成本费用的核算和管理。从横向上讲,就是要强化学校财务、财产、物资的管理,增强成本意识,制定配备标准。

2. 制定切实可行的全面成本管理方法

从成本管理的角度看,高校办学成本高、办学效益低的原因,除成本意识淡化外,主要是责任不清、措施不力、管理不严等。高校应针对这些问题,建立一套完整的成本管理保证体系,实现多层次的成本费用管理目标责任制,将成本费用目标层层分解、落实,建立横向分解落实到学校内部有关部门、纵向落实到教研室及教师个人的管理网络,并把成本管理目标责任制同经济责任制挂钩,贯彻责权利相结合的原则,把目标成本完成好坏与经济效益结合起来,奖优罚劣。

(三)建立各级财务成本管理的工作机制

虽然国家、各级教育主管部门和各级各类教育单位,都为提高教育经费使用效益提供了不少办法,做了不少工作,也开展了一些探讨,诸如教育规模效益、合并效益、经费支出绩效评价等,但是至今高校教育成本工作运行机制还没有真正形成。

1. 高校主管部门明确成本核算职责,加强对高校的指导

高校教育投资效益问题若不从规范成本、核算成本、降低成本入手,则好比

"无本之木"和"无源之水"。因此，建议在高校主管部门内部建立高校教育成本核算工作机制。比如，在教育部财务司设立高校教育成本核算中心，各省（市）教育厅财务处明确专人负责高校教育成本核算工作。同时，指导高校开展成本管理。比如，可以通过实施高校教育成本核算试点工作，在试点的基础上将成功经验在全国高校内全面铺开，加快高校教育成本核算实践的发展步伐。

2. 增设高校教育成本核算考核指标

在高校办学水平评估指标体系中，建议增设高校教育成本核算考核指标，加大指标权重，目的在于增强高校成本意识，促进高校财务管理科学化、规范化，并合理配置高校教育资源和提高办学效果。这对全面改善和加强高校管理，节约开支，防止或减少损失、浪费现象，从而提高学校发展能力有着积极的现实意义。

第三节 高校教育成本控制

高校教育成本管理是高校为了实现成本目标自觉地进行成本控制的活动和过程。其目的是控制教育成本，提高教育经费的效率，为多出人才、出好人才提供财务保障。教育成本管理是在学校经济运行过程中，通过对教育成本采取预测、计划、核算、控制和评估等一系列措施，以求达到用最合理的人力、物资、资金配置和耗费谋求最大社会效益和经济效益的一种管理方法。其中，成本控制是学校经济控制的基础，是现代成本管理的核心，应贯穿经济业务的全过程。在成本控制中，应以制度控制为切入点，以院、系或部门为成本责任中心，通过对责任中心可控成本全过程的约束、调节和及时修正，保证成本计划的完成。

一、高校教育成本控制概述

（一）高校教育成本控制的基本界定

1. 高校教育成本控制的含义

"控制"一词，一般被人理解为掌握和限制。在管理学中，美国旧金山大学国际管理和行为学教授海因茨·韦里克（Heinz Weihrich）认为，控制是对绩效进行衡量与矫正，以确保企业的目标以及为实现目标所制订的计划能够得以完成。[1]在经济学中，我国学者陈元燮认为，控制是按照一定的条件和预定的目标，对一个过程或一系列事件施加影响，使其达到预定目标的一种有组织的行动，或者说，是指一个系统通过某种信息的传递、变换或处理，发出指令，调节另一个系统的行为，使其稳定地按照既定的轨道前进，以达到预定的目标。罗绍德把成本控制描述为"企业在生产经营过程中，按照既定的成本目标，对构成产品成本的一切生产成本和经营管理费用进行严格的计算、分析、调节和监督，及时发现实际成本、费用与目标的偏差，并采取有效措施，保证产品实际成本和经营管理费用被限制在预定的标准范围之内"的一种管理行为。[2]

一般认为，高校教育成本控制可以理解为：高校管理者通过预算等手段对教育成本进行规划、调节，并使其实际按照预期的方向发展，以保证教学、科研和管理活动的正常进行，保障学生的切身经济利益的过程。如果教育成本控制得好，就可以使高校的每一分钱都物尽其用，使高校的资金运转井然有序、事半功倍。但如果对成本不加以控制，对预算不加分析，对浪费熟视无睹，对超支不加以干涉，势必造成资金的无序使用，使得成本效益低下，进而影响高校教育的健康发展。

2. 高校教育成本控制的内容

成本控制是一项系统工程。高校教育成本控制内容大体分为以下三部分。

(1)事前成本控制。事前成本控制也称成本计划控制，即科学地制订目标成本计划，力求对运行结果通过预算手段实行目标管理。成本计划的基础是成本预测，即根据学校的办学目标和实际条件及有关历史资料，采用科学的方法对各项目的成本进行预测，以此为编制成本计划提供依据。成本计划的主要内容实质上是人力、财力和物力的优化配置。

(2)事中成本控制。为确保目标的实现，在成本管理中还要重视教育运行过程中的成本控制，让成本管理渗透到每一个运行过程，即要做好事中成本控制。常用的方法有：①计划分解，也就是将成本控制的标准分解到各部门、岗位和各个阶段、环节，让部门领导和教职工都明确意义，并使成本管理与切身利益挂

---

[1] 哈罗德·孔茨，海因茨·韦里克. 管理学：9 版[M]. 北京：经济科学出版社，1993.
[2] 罗绍德，刘志娟. 基于价值链的成本控制研究[J]. 财会月刊，2004，000(011)：8—9.

钩；②事中分析，如日报、旬报及月报成本分析等；③日常检查；④日常信息沟通。

(3)事后成本控制。事后成本控制即通过成本会计核算对财务报表及其他渠道形成的信息，运用成本分析法，定期(一般是会计年度终了后)或定项(一般是项目验收交付后)进行综合分析、评价和考核，以总结经验、发现问题，并找出原因和提出控制措施。控制措施，主要是针对执行结果与计划的偏差提出的。根据偏差的大小和控制能力，控制措施常划分为两种：一种是通过改变预定目标来控制偏差；另一种是通过适当改变投入的标准、质量和数量，以及人、财、物、信息和系统结构等来提高系统控制力，使其尽快满足目标成本要求。

3. 高校教育成本控制的原则

(1)重人才培养质量。人才培养质量的保障和提高是高校教育成本控制的出发点和落脚点。高校教育成本控制必须为保障和提高高校人才培养质量服务。如果高校只是单纯地控制成本，无视成本与人才培养质量的关系，其结果可能会影响人才培养质量。因此，没有一定质量标准的办学成本控制，将会抑制高校的人才培养质量，造成本末倒置的局面。高校要和谐发展，应当以人才培养质量为中心，其教学活动和教学辅助活动都要围绕人才培养质量展开；而高校教育成本控制作为重要的教学辅助活动之一，在其实施的过程中应当遵循优先考虑人才培养质量原则。

(2)全面成本管理。要提高教育成本效益，减少成本浪费，就必须动员校内各部门和全体教职工对教育全过程实行成本管理，减少各环节的成本浪费，全面提高成本使用效益。成本管理既涉及各部门，又涉及个人，提高每一个单位成本的利用效率要靠全员来实现。另外，为提高教育成本管理效益，学校需建立分级归口管理成本体系，每个项目应有专人负责，并按业务分类归口到有关职能部门，建立教育成本管理体系，推行教育成本管理责任制，从纵向和横向把好成本管理关，提高成本利用率。

(3)效益最优。高校教育成本控制必须坚持社会效益和经济效益相结合。由于教育的准公共产品的性质，很多人认为：高校所追求的效益应该仅仅是社会效益，如果高校只追求经济效益就会背离其性质，也会造成学生接受高校教育权利的不平等，造成高校的功利化倾向。而事实并非如此，高校也需要经济效益，但并不是要求高校要以营利为目的，而是希望高校以既定的投入发挥其最大的作用。在当今市场经济条件下,我国的高校教育发展也步入了大众化阶段,国家对高校的投资显得力不从心,高校的资金运转也显得捉襟见肘,为此有些高校不惜举债经营,加重了学校的财务风险。如果高校继续故步自封,那么高校的社会效益也将成为空谈。因此,高校教育成本控制,要从实现经济效益出发,最终实现高校社会效益的最优化,使我国高校实现可持续发展。

(4)例外管理。例外管理是西方国家的企业在管理控制中普遍采用的一种方法。高校教育成本控制要引入例外管理方法,使成本控制详略得当、有所侧重,应抓住高校教育成本中的"例外"问题首先解决,如果事无巨细、按部就班,势必造成管理的低效率。高校教育成本控制中的"例外"问题主要包括以下几类:一是成本的实际花费与预算相差较大的事项;二是高校需要临时高数额支出的项目,如某些教学仪器的购买;三是与学校的办学质量紧密相关的一些事项,如教师的引进成本、新的学科方向的筹建成本;四是对于高校来说性质比较严重的事项,如对于高校的高学费问题的应对、对于高校高额贷款的处理等。

(二)高校教育成本的考评及分析

1. 目标成本制度下的教育成本绩效考评

为了提高教育资源的利用效率,以最小的投入获取最大的产出,高校应当针对学校的特点,参考企业广泛实施的目标成本管理方法,制定出合理的成本控制制度。做好定期的成本绩效考核与评估,是现代成本控制的重要内容及主要环节之一。

(1)岗位成本目标的制定。实施高校教育成本控制责任制,关键在于各岗位成本目标的制定。作为成本控制的努力方向和衡量实际资源消耗水平的依据,成本目标的制定要遵循常态性。所谓常态性,既包括只考虑正常条件制定成本目标,也包括目标一经制定就应保持其相对的稳定性。制定高校的成本目标的一般程序如下:

①测算全年可安排的教育经费来源即可支配经费财力。高校各项能够实现的、稳定的收入数据加总,测算本年度的学校总收入,扣除用于学校基建投资和其他与教育活动无关的研究、服务活动的开支,算出下一年能够用于教育活动的经费总额。

②测算全年目标成本总额。首先,高校按照确定的招生规模,计算出学校在

校生总额。其次，在不计算专职研究人员、服务人员的条件下测算出生师比和教职工(不含离退休人员)报酬。最后，确定生均人员经费支出。同理，还可以测算出生均公务费支出、生均业务费支出、生均修缮费支出、生均折耗费支出等项目。

其中，对生均公务费的测算还需按如下步骤处理：第一，依照往年的管理运行情况将生均公务费按某种比例细分为教学用生均公务费支出和管理用生均公务费支出；第二，依照一定比例将管理用生均公务费支出分摊到各项教学服务活动中，由教学活动分摊到的生均公务费支出即为生均管理成本。

按照成本项目构成将以上项目加总后，即可测算生均教育成本和全校教育总成本。这里的全校教育总成本，如果超出全年可安排的教育活动经费总额，就依上述各生均经费指标下调。通过这样的方法，可测算出下年全校教育活动的目标成本总额，即下一年全校教育活动的成本上限。

③层层分解全年目标成本总额。具体有以下三层：首先，由学校根据预算等文件将下一年全校教育活动的成本总目标分解到各职能部门；其次，再由职能部门根据年度任务分解到各学院和全部门；最后，由学院具体分解到具体岗位，各个岗位依据所涉及的学生人数，并结合特定的误差修正值来确定具体的成本目标数额。

正如前述，由于高校教育成本计量的特性会导致制定目标成本比较困难，所以高校的成本总目标如何分解为各个岗位的成本目标，以及这种分解是否具有合理性都需要认真研究。在制定过程中，要注意以下两点：第一，在技术方法上只适合采用直接制定目标成本一种方法，而企业可采用直接制定和根据目标利润制定两种方法；第二，制定过程的专业性和群众性的有机结合。在参与的部门中，一般由财务部门牵头，教学、科研、人事等有关部门选派人员参与，而这些人员在业务上对教育成本比较熟悉。

(2)教育成本控制绩效的考核与评估。成本考核是指定期对成本目标的实际完成情况进行测评和总结，以督促各岗位做好成本控制，提高目标成本控制水平。目标成本的考核必须与责任制结合起来，对成本考核的结果还应进行一定的分析、评估，以得出基本评价。一般认为，进行各岗位的绩效考核并不难，难的是经考核所得的绩效如何评价。这首先是因为考核的目的只是侧重降低成本水平，而评价的目的更多地强调教育效益的提高。成本降低不一定就意味着效益的提高。另外，高校的教育成本控制绩效不如企业的易于处理，也导致其评价的困难。高校的产出主要是其提供的教育服务，产出指标中除了少量经济指标之外，大多数都是教育指标，如果照搬企业的做法，将教育指标倾向化，必然会造成极大的误差。

可考虑用模糊数学的方法来评估高校教育成本控制绩效，因为模糊数学能够处理这种同时包含定性指标和定量指标的评估数据，暂且把这种方法称为模糊综合评估法。模糊综合评估的基本思路是：首先，按照专业性和群众性的要求，成立专家组作为成本评价专门工作机构；其次，请专家组对成本评估指标和权重提出意见，在他们的帮助下正式确定指标体系；最后，请专家组对高校教育成本控制责任制的具体实施进行认真的调研，结合指标体系进行计算，并根据结果对成本控制绩效做进一步的综合评估。计算时先对指标体系最低层次的项目进行模糊综合评估，然后层层上升，直到对一级指标进行模糊综合评估，计算出综合评估值为止。

2. 高校办学效益分析

(1)高校办学效益分析的基本原理。按照现代经济学理论的解释，高校的产生及功用是和外部性特征密切联系的。一方面，利用正向的外部性特征，以连带性、非排斥性功能，为社会提供高质量人才，满足社会共同偏好，促进社会经济发展；另一方面，可以帮助克服负向的外部性，平衡社会的不同偏好，克服"市场失灵"，实现社会公平与正义。同时，高校作为一种实现帕累托最优的资源配置的机构，其存在会减少人数众多时获取个人关于公共物品和外部性偏好的信息所需的交易成本和谈判成本，可以这么理解，高校的产生站在整个社会的角度是为了降低整个社会的教育总成本。高校在处理与社会的外部关系时，目的是减少社会成本。高校真正意义上的讲求成本，必然要理顺教育行为中直接成本与间接成本、业务成本与非业务成本、必要成本与连带成本之间的关系。如果使这些可操作性的机制形成制度性的规范，约束其行为，就可以在相当程度上减少浪费。

(2)高校办学效益分析的方法。办学效益指在保证办学目标方向的正确性，并在给社会带来有效成果的前提下，办学活动的产出与投入之间的比率，可用公式表达为：办学效益＝办学产出/办学投入。其中，办学投入即为办学成本，高校办学效益则可表达为：高校办学效益＝高校办学产出/高校办学成本。

二、高校经营视角下的成本控制探析

(一)高校成本控制的现状分析

1. 建立"统一领导、集中管理、集中核算"的财务管理体制

"统一领导、集中管理、集中核算"是指高校的财务收支在校长(或院长)的统一领导下,由学校的财务部门集中管理,不设二级核算单位,统一财务收支计划、财务管理制度、预决算、资源配置。同时,高校必须建立健全校(院)长经济责任制;高校必须按照学校管理层次,分别建立各部门、单位行政负责人的经济责任制以及各级财务主管、财务人员的经济责任制,构建多层次的经济责任体系,将财经工作的任务和责任层层分解并落实到校内各部门、单位直至个人。到目前为止,大部分高校已经按照层次分别建立了校长、分管校长或总会计师、财务处长和基层单位负责人等若干层次的经济负责制,并在财务收支过程中实行财务"一支笔"领导审批制度。

2. 实行综合财务预算制度

财务预算是高校成本控制的重要方法,也是成本管理的组成部分,是高校进行各项财务活动的前提和基础,是日常组织收入和支出的依据。它不仅要反映学校年度内的工作内容和需要完成的事业发展计划,而且要反映学校事业发展的规划和方向。我国预算的编制大致经历了如下三个阶段。第一阶段,中华人民共和国成立后的三十年间,教育经费全部由国家负担,预算反映的仅是单一的财政拨款的收入和支出,对教育经费的控制起了一定的作用。第二阶段,单一的财政拨款预算向综合财务预算过渡的阶段。党的十一届三中全会以后,高校具有一定程度上的办学自主权,学校收入向多元化方向发展,学校财力相对增强,为了加强预算内外经费的管理,编制了所有可收入的"校级预算",逐步确立了综合预算的基本模式。第三阶段,综合财务预算全面实施阶段,确定了"集中统一、大收大支"的预算编制原则,规范了高校财务预算的运作。

3. 高校成本控制存在的主要问题

(1)成本控制意识淡薄。高校的管理者大多受传统体制的影响,认为高校只存在社会效益问题,不存在经济效益问题,因此对于学校的办学成本只是粗放式

的管理,成本计量的目的仅限于使国家在统计和投资时有一定的依据,却没有认真考虑怎样对其科学、合理地使用以及怎样使有限的办学成本在保证教学并能最大限度地提高人才培养质量上有效使用。虽然国家对大多数高校的投资连年增加或对某些学校进行高额的重点投资,但其人才培养质量却不尽如人意,最终导致一些高校办学既没有经济效益,也没有预期的社会效益。究其原因,这与一些高校的管理者成本控制意识淡薄不无关系。

(2)尚未建立系统的成本控制理念。目前我国大多数高校的办学成本控制理念还处在探索阶段。一般认为,高校的成本控制不应只是沿用企业的成本控制理念,一味地降低成本,而高校成本低并不意味着人才培养质量的提高,有些情况下两者是相悖的,如班级容量的增加、师生比的加大、由报酬较低的讲师代替有经验的教授讲授某些课程,这些措施虽然对降低办学成本立竿见影,但无疑是在牺牲质量的前提下实现的。因此对高校成本的控制应在合理使用、保障质量的前提下进行探讨。

(3)未充分发挥财务等职能部门的成本控制职能。我国高校财务部门的职责大多仅是从事财务收支、报账等一些简单的职能活动,没有将责任扩展到成本控制的领域,可以说无法满足现今大学对财务管理的需求,对高校的发展没有发挥其应有的作用。同时,我国高校财务部门的人员结构不合理,专业知识理论已不能适应时代的发展,无法将新的成本控制的理念和方法应用到实际工作中,更谈不上从成本合理化的角度对大学的发展规划提出切实有效的建议,所以我国高校的成本管理的职能有待加强,我国高校的财务管理人员的素质也有待提高。

(二)高校经营理念下成本控制的特征

通常所说的成本控制都是通过节约成本来实现的,即通过工作方式的改进和制度约束来节约成本,但这只是成本控制的一种基本形式。随着高校管理理念的更新及经营理念的引入,高校成本控制显现了如下特征。

1. 站在战略高度理解成本动因

对于当前高校成本动因的理解应站在战略高度上进行,不仅包括高校活动中各种有形的资金投入和人力成本消耗,更应包括高校的办学规模、环境因素、组织结构、决策、办学理念等无形的成本动因。对成本进行有效的控制,要求高校经营理念的转变、各个部门的协调和共同努力。

2. 时间价值在成本控制中的作用日益突出

只要资源是有限的,时间就是一个非常重要的因素。随着我国市场经济体制的逐步完善,时间价值在成本控制中的作用日益突出。这里的时间价值有两层含义:第一,对于高校有促进作用的投入,在时间上越早越好;第二,货币的时间价值对成本核算是必要的。

3. 成本控制不等于单纯的成本降低

高校成本控制的终极目标是从根本上避免成本的发生,实施成本的源流控制。成本避免的理念在于从经营的角度去探索成本降低的潜力,事前的规划、调研、论证重于事后的修改、调整,避免不必要的成本发生。这需要在办学定位、在校生人数规划、专业设置、新校区选址、基建规模及资源共享等方面对高校的业务活动进行整体重组,以避免不必要的业务流程,达到成本控制的目的,这是一种理念上的变革。

高校成本控制的目标是以最低成本实现高校价值最优化,是一种相对的控制。

(三)加强高校成本控制的措施

1. 转变管理观念

高校的管理者要改变原来计划经济体制下养成的"等、靠、要"的思想,进行高校成本管理的心理调整,树立与社会主义市场经济相适应的成本管理观念。这主要从如下三方面进行。第一,树立高校是成本管理主体的观念。学校的各级领导和广大教职工都是成本管理的主要承担者。第二,树立经营的观念。经营思想是成本管理思想的重要组成部分,核心就是要树立成本效益意识,少花钱多办事。不管是高校进行基本建设、维持正常运转,还是进行科技成果转让、与企业进行合作等,必须适应市场经济的发展要求,在完成学校培养人才的根本任务的前提下,用经营企业的思想来经营学校。第三,树立竞争意识。目前,高校与高校之间的竞争已成为教学质量、人才培养质量、服务社会的能力强弱的竞争。只有用有限的财力、物力和人力向社会提供高质量的教学、科研服务,才能提高自身的竞争力,才能吸引更多、更好的学生到学校来学习。

2. 健全组织机构

在转变广大教职工观念的基础上,学校必须建立健全成本核算、成本控制和成本管理的组织机构。

(1)明确学校成本控制机构。一般是在已成立的校财经领导小组下，明确成本控制的职责，由校长任组长。其他成员由财务专家、各院院长和主要部门的负责人组成，负责领导全校成本控制和成本管理工作，审核学校年度预算、决算并监督其执行情况。

(2)明确财务处成本核算的职能，增设有关成本核算类科目，进行相应的账务处理和成本报表的编制。在目前高校还没有全面进行成本核算的情况下，同一笔支出可以在按照现行会计制度做账的基础上，再按照成本控制的要求进行成本核算的有关记录。

(3)赋予审计处成本费用审计的职能。随着教育成本纳入学校管理的视野，学校审计处也应该及时跟进，充分发挥内部审计在成本管理中的作用。审计的主要内容可分为教育成本审计和专项经费审计两部分。审计的重点应该以审查成本费用的合规性、合理性和有效性为主。通过内部审计，为学校提出控制教育成本的建议或措施。

3. 发挥高校经营与成本控制的协同效应

为达到优化资源和提高成本控制水平的目的，应充分发挥高校经营与成本控制的协同效应。

(1)设立大型贵重、精密仪器设备管理部门，实现各部门的有偿共享，这样可避免校内不同院系、部门之间的重复投入，提高设备的利用率。

(2)争取或尝试建立校际、校企、校所设备及数字图书等资源的共享平台。

(3)鼓励校内师资跨院上课，最大限度地挖掘既定师资力量的潜力。

例如，以教研室或实验室的资源优势为基础，打造教学、科研、经济功能并举的综合实体平台，既能避免资产闲置、发挥教师的积极性，也能加快科技创新、科技成果的产业化进程。同时，在综合平台发展中传递有关市场信息，改革人才培养模式，及时调整、完善专业设置和课程体系，有针对性地提升师资专业实践水平，突出专业培养实践特色，形成良性循环。利用综合平台发展能有效克服校外实训场所受生产及经费制约大、轮岗机会少的缺陷，针对学生的专业特点和自身特长，有效安排多种技能、多种岗位的实训，真正落实实践教学的计划和要求。

三、高校成本控制的基本规范

(一)高校成本控制基本规范概述

教育成本控制基本规范是教育成本控制管理行为的基本标准,是对教育成本控制管理人员和教育成本信息处理具有约束、评价和指导作用的一系列基本标准。

1. 高校成本控制基本规范的特点

虽然高校成本控制具有企业财务成本管理的部分共性,但是一般认为,高校教育成本管理基本规范的特殊性源于教育具有特定的经济效益及社会效益。与物质生产部门相比,高校教育成本投入所带来的经济效益具有较高的不确定性、间接性和迟效性等特点。作为整个社会大系统中的子系统,高校教育的社会效益可以体现在政治、经济、文化等多方面。正是这样,决定了高校教育成本管理不是完全或真正的市场意义上的成本管理。高校教育覆盖广泛的、含义丰富的社会功能决定了不可能完全随着市场经济的建立而变为一种"市场教育",那么,高校成本控制基本规范也就不可能完全按照企业财务成本管理模式去制定和运行。更确切地说,高校成本控制基本规范的特点更多地体现在教育产品的特殊性。

2. 高校成本控制基本规范的作用

确立教育成本管理基本规范的主要作用和重要意义就是希望实现教育成本信息生产的标准化,解决教育成本信息失真问题。成本控制基本规范是高校实施成本核算、成本评价的依据。成本信息的产生不能是片面的、无规则的甚至是主观的,否则,教育成本信息对于使用者就毫无意义,甚至会误导进而影响学校经济决策。教育成本管理基本规范既包括采用法律形式的具有强制特征的成本管理规范,又包括采取自律形式的具有自主性特征的成本管理规范。可以这样认为,高校教育成本管理基本规范为设计合理有效的成本管理行为模式提供依据。此外,由于成本信息的产生与有关各方面的经济利益密切相关,成本信息的使用者必然关注成本管理工作的质量,因此,对高校成本执行结果的评价,都要求在全社会范围内对成本管理工作的质量得出结论。

(二)高校成本控制基本规范的建议

1. 更新成本观念

成本意识是现代成本管理中一个最为基本的立足点。现代成本意识意味着学校管理人员对成本管理和控制要有足够的重视,把降低成本的工作从管理部门扩展到其他各个部门,形成全校全员式的降低成本格局,以及贯穿学校各部门的"组织化成本意识",并将降低成本从战略布局的高度加以定位,确立具有长期发展观的"战略性成本意识"。更新成本观念具体体现在以下两点。

(1)成本效益观念。高校的一切成本管理活动应以成本效益观念作为支配思想,从"投入"与"产出"的对比分析来看,"投入"(成本)的必要性、合理性,即以尽可能少的成本付出,创造尽可能多的价值,为学校获取更多的经济效益、社会效益、教育效益。这里值得注意的是,"尽可能少的成本付出",不是节省或减少成本支出,而是指运用成本效益观念指导学校改进工作。如在进行调查分析的基础上,认识到若在原有功能的基础上新增某一功能,会提高学校的综合实力,因此尽管为实现新增功能会相应地增加一部分成本,但这种成本增加是符合成本效益观念的。这种教育成本观念可以说成"花钱是为了省钱",是成本效益观的体现。

(2)成本动因观念。在分析有关各种成本动因的基础上,开辟和寻找成本控制的新途径。因为人具有最大的能动性,高校成本当然也会受到人为因素的驱动。例如,教职工的成本管理意识、综合素质、集体意识、工作态度和责任感、人际关系等,都是影响高校成本高低的主观因素,都可将其视为成本的重要驱动因素,从成本控制角度看,人为的主观动因具有巨大的潜力。

2. 引入作业成本法

作业成本法的核心思想是"产品消耗作业,作业消耗资源"。作业成本法的特点:一是以作业为核算的核心和重点,将成本核算深入到作业层次;二是对于间接费用的分配,采取按引起间接费用发生的多种成本动因进行分配,并追踪到最终产品成本,使计算结果更加接近实际。高校作为教育产品的生产部门,其生产过程也就是高等人才的培养过程,这一过程按其价值链展开是由若干环节组成的;每一个环节又可以根据具体的成本管理需要和经济效益原则定义为一项或几项作业，每一作业都要发生一定的成本。

3. 建立成本管理体系

成本管理基本规范是由一系列的成本管理行为标准组成的一个完整体系。例如，从法律规范角度包括了与成本管理有关的法律和教育法规；从理论规范角度包括了成本管理目标、成本管理原则、成本要素、成本核算基本前提、成本信息处理程序和方法等；从技术角度包括了对成本核算实务处理提出的要求和准则、方法和程序以及成本管理职业道德规范等。

第四节　控制高校成本不效益的路径选择

随着教育投入的多元化以及教育需求的不断增长，人们对教育成本及其效益的关注度与日俱增。目前在我国，教育成本数额居高不下、成本项目不明确，严重影响了教育效益的提高与教育公平。在学校内部，只讲成本、不讲效益，只讲经济效益、不讲社会效益，只讲当前效益、不讲长远效益的无效或低效的成本管理模式依然存在。现拟从教育成本、效益及教育成本管理的角度，对教育成本低下的效益管理模式进行深入的剖析，并在此基础上提出建议。

一、高校成本效益管理及其基本路径

（一）教育成本基于效益的分类

教育作为一项社会公益事业，既有准公共产品的特性，又具有经济功能和产业的特性。在市场经济条件下，学校已成为面向社会自主办学的实体，如何多渠道筹集资金和高效益地利用教育资源就成为当前我国教育面临的十分迫切的课题。因此，讲求成本管理也在情理之中。根据对效益的不同理解和对利益相关者的关注程度，将教育成本管理分为教育成本效益管理、教育成本非效益管理和教育成本不效益管理。

1. 教育成本效益管理

教育成本效益管理是指教育成本管理者（主要是指学校，下同）遵循全面、科学的效益观，能够将微观效益与宏观效益、当前效益与长远效益、经济效益与生

态效益及社会效益有机结合起来,以公平、均衡和无私作为成本管理的动机,通过成本管理权的行使为教育成本管理者的所有利益相关者牟取共享收益的现象。这种管理是现代管理制度对教育部门尤其是学校管理的客观要求,也是发展人民满意教育、共创和谐社会的迫切需要,同时,也是教育成本管理的必由之路。

2. 教育成本非效益管理

教育成本非效益管理是指教育成本管理者基于客观或主观条件的限制不能全面遵循或理解效益,导致忽略或忽视利益相关者利益的现象。例如,在计划经济条件下,学校只管用钱,政府是唯一的教育投资主体,因而出现教育成本管理者只讲成本不讲效益的现象。目前,有的学校领导由于观念及认识问题,把"千方百计"争取到的资金,用到"楼堂馆所"上;有的教育主管部门在分配教育经费时,不能正确处理好"公平"与"效益"的关系,甚至"一刀切";有的学生把家长辛辛苦苦攒的钱,大把大把地花在非学习上;少数学校被允许收取择校费;等等。诸如此类,大多是教育成本非效益管理的具体体现。

3. 教育成本不效益管理

教育成本不效益管理是指教育成本管理者违背有关利益相关者理论,歪曲效益,把当前效益与长远效益、微观效益与宏观效益、经济效益与社会效益割裂开来,从而把效益看成自己或自己单位的事,或者说是领导任期内的事,通过成本管理权的行使,不惜侵害其他利益相关者如政府有关部门、社会及学生家长等的利益,为自身攫取私人(或小团体)收益的现象。比如,个别教育主管部门和学校片面追求"高、齐、全"的"政绩工程"现象以及乱收费现象等,无一不是教育成本管理不效益带来的具体问题。这既造成教育资源的闲置浪费与教育成本居高不下,也易成为"腐败的滋生地"。

(二)高校成本效益管理的意义

1. 高校实施成本效益管理的紧迫性

近几年,我国高校教育入学率有了很大提高,目前高校教育毛入学率约23%,但我国高校发展的数量扩充还有空间,为达到社会经济发展和创新型国家的目标还需要高校培养数以千万计的专门人才。这对于承担大部分任务的高校来说,尤为艰巨。高校受经济局限,实际上生均办学经费近些年一直呈下降趋势,经费压力将持续存在。从学校而言，办学成本越来越高。"人才强校"战略的推进导致人力成本急剧增长，人头经费成为高校经费支出的重要部分，有的已达高校教育支出的 60%；社会经济发展及合格人才目标的变化推动教育成本的提高，刚性的硬件要求，如生均教室面积、实验室面积、活动场地、校园网络建设、图书资料、仪器设备数量，成为社会评价合格高校的必要条件之一。建筑成本、科研成本、仪器设备等价格不断上涨，推动高校办学费用增长。素质教育和创新教育的强化，学生体验机会的增多，对知识创新方法与过程的把握和学生主体在知识建构过程中的作用，都需要在教学过程、方式、组织等方面进行改革，如采取小班上课、导师制、资助学生科学研究和创新能力培养、社团活动等，加大了经费的支出。

2. 高校实施成本效益管理的现实意义

高校可持续发展的本质要求是数量和质量的统一，而高校的办学质量应为效用和效益的统一。高校走"内涵式"发展模式，即主要通过挖掘现有学校的办学潜力、优化学科结构、提高资源配置和资源的使用效率等，是我国新时期的重大战略思想和战略任务，规模、质量、效益有机统一的高校运行模式是和谐社会的重要支撑，也是大学重要的社会责任。现代高校拥有众多的利益相关者，其期望值各不相同，但良好的办学效益是其在高校教育领域中的根本利益。据统计，从中等教育水平到高校教育水平人才培养的边际投资为 12.1 万元，若不能做到质量与效益的真正统一，会给高校的相关利益者带来极大的损害，会给国家、社会、人民群众带来极大的浪费和负面效应，甚至影响社会稳定。在高校教育大众化普及过程中，高校办学效益也不断提升（包括产出质量及管理质量），否则无法解释高校功能的扩大和对社会影响的加深。尤其是从 20 世纪 60 年代起高校办学经费的短缺，使筹资成为校长的第一要务。内涵发展成为高校重要的改革方向，全力以赴抓质量成为一种浪潮。改革的社会措施如通过社会评估强化高校质量意识、强化高校的办学责任、促进办学经费多元化等。

从院校自身来说，办学经费的增长远不能适应学校规模的增长，有的院校甚至面临资金链断裂的危险。高校间的竞争（如生源、科研项目和高质量的办学资源）也日益激烈，经济全球化给教育发展带来诸多挑战，高校资源竞争更在全球层面上展开。现代高校已成为相对独立的法人实体，自主权不断扩大，作为自我约束、自我发展的组织，高校必然要考虑资源的配置和使用。效益导向型的管理理念可为学校带来更大的资源支配权和办学主动权。

(三)高校教育成本效益的基本路径

1. 明晰教育产权，准确定位，优化教育资源配置

这是从根本上减少教育成本非效益、防范教育成本不效益、提高教育成本效益的体制保障。办学定位不准将导致资金使用的无效或负效，定位是高校发展的顶层设计，决定高校发展的内容与路径。高校准确定位的要求：一是要依据自身的历史积淀和现实条件，即自身特色；二是要把握社会需要尤其是当地社会经济文化发展趋势，即地方特色；三是高校教育发展规律及市场对各类人才的需求，即发展特色。

2. 加强内部控制，完善学校治理结构

这是防范教育成本不效益、提高教育成本效益的制度保障。科学的决策由决策力量、决策程序和决策评价保证。高校的决策力量来自三方面：行政力量、市场力量和学术力量。只有这三种力量协调共融才能形成科学的决策质量和决策的可操作性。在高校决策实践中，应强化市场这只"无形之手"对高校的学科专业、培养方式、教学体系、教学方法和管理方式等的影响。教师为高校办学主体，隐含在教师之中的学术权力应充分介入学校的决策和执行过程之中。要处理好科学化和民主化的关系，因为它将直接决定着决策结果质量的高低。科学决策要求决策全过程的科学化，如程序、过程和制度的科学化才能保证结果的科学化。决策的民主化使科学化在更大范围、更高的水平上得以实现；民主化的决策过程本身既是过程又是目的，能为民主决策提供最可靠和最有效的客观依据，降低决策的风险和成本，提高决策的质量。

一般认为，加强内部控制，完善学校治理结构，也是有效防范行政化倾向进而从源头上控制成本的根本方法。目前，我国高校管理的行政化管理特征主要有："官本位"思想突出，资源按权力分配，内部机构及非教学人员较多，导致人头经费、行政设备费用、办公经费等大幅攀升；行政层级过多，部门间的阻滞、封闭和内耗增多，信息传递低效、失真，协调成本加大。随着高校规模的扩大，我国应该建立现代高校制度，注意管理重心下移，发挥市场对教育资源配置的调节作用，培育高校的内部竞争观念并使之制度化，通过竞争提高办学活力和效益。

3. 凸显成本效益意识，构建成本效益管理模式

凸显成本效益意识，构建成本效益管理模式是减少教育成本非效益、防范教育成本不效益、提高教育成本效益的核心，其主要有以下内容。

(1)强化三种理念，这是防范教育成本不效益、提高教育成本效益的先导机制。①成本理念。低成本办高质量的教育是经营的核心。学校经营理念的提出和实践，要求学校的各项活动尽可能纳入投入产出的框架中。②经营理念。将经营理念贯穿于高校管理，渗透到高校经营决策的指导思想和日常运行中，使之成为高校文化的重要组成部分，并引导教职工行为。③勤俭节约理念。高校发展与民生息息相关，而学生在校园文化中的熏陶将影响其今后的行为方式。勤俭节约的办学理念和行为对高校和社会均有重大和长期的意义。要让高校发展的成果惠及人民群众，而不是让人民群众支付困难而回避高校教育或因接受高校教育而背上长期的经济包袱。

(2)完善全面成本管理，这是防范教育成本不效益、提高教育成本效益的运行机制。这就要求高校：统一各类成本口径，正确核算教育成本；强化全面预算，全程控制教育成本；引入激励机制，科学考评教育成本；重点关注不良教育成本，尤其是要加强资产的成本管理，如对大额经费的使用进行可行性论证、提高经费使用的科学性、避免重复购置。此外，应建立经费使用的公开透明机制，建立人权、事权、财权平衡协调机制。根据社会经济发展趋势，准确预测中长期的财力收支，测算财务风险，以此为基础，细化学科专业、科研、实验室、校园建设和各部门建设规划。建立以问责制为核心的校内经济责任审计制，强化部门和项目绩效评价制度。

(3)加大教育成本信息披露力度，这是防范教育成本不效益、提高教育成本效益的社会监督机制。因此，需制定包括教育成本在内的财务信息披露制度，尤其是要面向利益相关者及时披露财务信息，建立以教育主管部门为主的信息披露监管制度。

二、高校走出财务困境的几点思考

(一)走出财务困境：一个高校亟待解决的现实问题

财务困境又称财务危机，是指会计主体履行义务时受阻，具体表现为流动性

不足、权益不足、债务拖欠和资金不足四种形式。一般而言，当债权人的承诺无法实现或难以遵守时，就意味着财务困境的发生。近几年来，市场经济的发展使得我国高校财务管理环境发生变化，伴随着高校持续高速增长带来的繁荣，高校的建设性、发展性债务规模与日俱增，尤其是部分高校因过度举债等导致资金异常紧张，陷于难以应付的艰难境地。不少高校的财务已经面临收入难增、支出难压、收支难平、口子难填、工作难做的"五难"境地。目前，高校财务困境主要表现在：收支矛盾日益突出，资金调度异常紧张；赤字额不断增加，预算得不到平衡；负债额多面广，债务负担沉重。

（二）走出财务困境：必须解决的几个认识问题

1. 校长的认识

校长对高校财务部门的地位和作用以及存在的风险，必须有高度、清醒的认识。

（1）作为学校管理的重要组成部分，学校财务部门应是宏观调控并参与决策的重要部门，而不仅仅是服务机构与学校领导的工具。在新形势下，高校财务职能部门不能再仅仅局限于传统的会计核算与记账功能，在为院系和其他部门提供更好的微观财务服务的同时，必须着眼于学校财务的长远发展，从宏观上考虑资源的筹划、资产的管理、资本的运营等重大财务事宜。作为一校之长，应确立财务管理在高校发展建设中的基础地位与调控功能，明确高校事业发展与财务管理的关系，把高校事业发展与财务管理统一起来。

（2）在现代市场经济条件下，高校应关注并引入风险管理，不能忽视财务风险的存在而忽略风险管理。目前，相对部属重点高校来说，高校财务风险日益加大，主要表现在：①过度举债发展带来的财务风险增加。一是将有限的资金投入到未来发展上；二是依赖于巨额的银行贷款，如果学校一旦投资失误或者效益低下，财务风险骤增，会严重地影响学校的长期发展。②生源市场变化带来的财务风险增加。目前，我国的高校教育招生逐渐转变为买方市场，大多数高校将面临两难选择的尴尬局面：要么缩减招生计划；要么降格以求，招不到理想学生。但办学规模既已形成，大批软件、硬件设施已投入，缩减招生计划会造成资产的闲置、办学成本的增加，出现规模的不经济性；而招收的学生不理想，又会影响人才培养质量，对学校的形象产生负面影响，更难招到满意的学生。

2. 财务人员的认识

财务部门及财务人员对高校财务管理模式的变化及财务的职能，必须有科学、全面的认识。

目前以"报账型"为主的财会工作模式严重滞后于高校改革，并与市场经济发展的要求不相适应，主要表现在以下四方面。

(1)财会工作基本停留在以核算为主的模式上，存在"重收入，轻支出；重项目，轻效益；重资金，轻物资；重购置，轻管理"的状况，形成了市场经济环境下财务的职能有所削弱的反常现象。

(2)财务管理目标不明且层次较低。在实际工作中，财务人员的任务就是按照领导的意见把钱用好，其管理仅停留在一般意义上的收拨、分配与使用资金上；很多人对于在市场经济体制下高校财务管理"应该做什么，如何做"不甚了解，从而决定了财务管理是低层次的。

(3)财务人员管理意识淡薄，观念较陈旧，导致了财务工作面临的压力和矛盾增加，财务管理职能难于发挥的局面。

(4)不重视财务分析。许多高校财务对资金的结构、状态、支出结构、效益缺乏分析，以至于无法科学考核学校整体和各部门资金的使用效率。

3. 全体教职工的认识

全体教职工对本校建设、改革和发展中财务所做的贡献和财务出现的问题，要有冷静、客观的评价。

如今，面对日益严峻的财务状况，有的高校的教职工由于受传统影响和"养尊处优"意识的影响，不能立刻适应，普遍存在着情绪，以至于对学校财务包括财务部门及人员存在不冷静、不客观的评价。一方面，面对日益严峻的财务状况，高校财务部门为学校的建设、改革和发展做出了积极贡献，发挥了巨大的调控和财力保证的作用。另一方面，作为一个综合职能部门，财务机构对于目前的财务困境也是有责任的。高校财务部门还存在着职能作用发挥不够、参与决策主动性不强、内部会计控制制度建设欠深入等方面的不足，尤其是在更新观念、参与资金运作、发挥财务部门的职能作用方面要做的工作还很多。

4. 高校教育系统及全社会的认识

高校教育系统乃至全社会对高校的调整、扩招以及高校教育改革与发展所取得的成果，要达成共识。

经过扩招，我国高校教育终于改变了它诞生百年以来的精英教育性质，进入国际公认的大众化阶段，它不仅每年为数以百万计的青年学子提供了可能改变他们一生命运的圆梦机会，而且对我国从根本上促进社会公平，变人口大国为人力资源强国，增强总体竞争力，保证我国经济稳定、健康和持续发展，实现建成小康社会、和谐社会和创新型社会的宏伟目标，具有重大战略意义。"十五"以来，高校发展速度之快，办学规模之大，改革举措之多，教育惠民之广，已为社会瞩目和认可，高校教育改革与发展所取得的成果有目共睹。

(三) 走出财务困境：当前面临的主要矛盾

1. 教育优先发展与教育投入不足的矛盾

国家提出教育优先发展，高校教育大众化已成必然，高校教育遇到"跨越式"发展的机遇。教育优先发展在高校规模上得到了显现。政府对高校教育尤其是高校投入不足或不到位。其中，《中国教育改革和发展纲要》明确提出的"一个比例、三个增长"没有较好地执行。在连年扩招的情况下，高校生均教育经费支出和财政性公用经费支出却处于低增长甚至大幅下降之势。中央财政安排的教育经费支出主要用于重点高校，部分用于划转高校和专项转移支付。高校因受经费总量、学校数量以及与中央共建部分高校等因素影响，高校面对高校教育大众化显得力不从心，往往不像重点高校那样能够应对自如。虽然《中华人民共和国教育法》（以下简称《教育法》）明确了各级政府及其有关行政部门要优先安排学校基本建设的职责，但是自《教育法》颁布以来，拨付高校的基本建设经费不但没有增加，反而逐年减少。与此同时，不同层次院校的投入反差在增加，仅就生均拨款经费而言，不少省属高校的生均经费只是部属院校的一半。

2. 高校的发展速度与其承受能力的矛盾

20世纪90年代末期，在政府实施高校大规模扩大招生政策的指引下，我国高校教育的发展进入了一个数量上高速增长的时期。高校承受能力有限：一是师生比过高，其直接反映就是不少课堂的学生人数过多、大班课过多、任课教师中新任教师比例升高、代课现象增加等；二是生均教学用房及图书等持续下降，高校在物力方面的压力日趋加重。

3. 高校"吃饭"与"建设"的矛盾

高校收入总量小、收入结构比较单一,尤其是自住房公积金、职工基本医疗保险政策实施以来,学校按政策应到位的人头经费资金缺口大。许多学校连基本工资、课时津贴等都一拖再拖,迟迟不兑现,便是明证。高校办学条件虽然有了很大改善,但是与实际需要相比,还处于较低水平,特别是新开办的专业师资严重不足,实验设备十分短缺。事关学校发展的重点建设工程资金缺口也在加大。

4. "财务集权"与"财务分权"的矛盾

由于受传统思想的影响,许多高校习惯了"统一领导、集中管理"的财务管理体制,强调确保集中财力办大事。有的甚至认为在财务紧张的情况下,期望这种体制能发挥他们所想象的作用,他们担心学校全面下放权力可能导致调控能力削弱。但事实是:各部门只用钱不理财,造成理财和事业管理脱节,很少考虑使用效益;用钱的与管钱的在思想上存在"两张皮"。一些高校学科、专业门类趋于齐全,资金流量快速增加。学校教育管理日趋细化,经济管理层面增多,财务关系复杂化,高校财务管理的内涵日益丰富和充实。由此,实行分级管理体制的优势日益显现,要求学校在下放办学自主权的同时,要把人、财、物尽可能下放到二级经费单位。

5. 制度性缺陷与财务管理的矛盾

目前,我国高校制度的突出缺陷是"所有者缺位":高校教育出资人主要是国家,国家是高校净资产的终极所有者,但国家并不要求偿还其提供的资产,也不要求分享经济上的利益,而是将这些资产交给高校自行经营和管理。对于高校而言,国家对其投资,但并不对其进行财务管理,因而造成投资的所有者缺位;高校管理者独立行使法人权力,但并不承担具体的受托责任,导致资源缺乏有效的管理和监督。高校财务不进行成本核算,不计算损益,财务管理的弹性大,在很大程度上弱化了高校财务管理的功能。

三、构建高校成本效益管理新模式

美国经济学家舒尔茨认为:"成本问题是教育经济研究中的基本问题。"[①]因

---

① 舒尔茨. 教育的经济价值[M]. 长春:吉林人民出版社,1982.

此，高校研究管理问题的核心是成本。以本科院校为例，在阐述成本效益管理内涵及现实意义的基础上，分析其现状，提出：要减少成本非效益、防范成本不效益，最终提高成本效益，应构建高校成本效益管理模式，并由此提出具体的现实问题。

（一）成本效益管理及其现实意义

成本是指企业在生产经营过程中发生的活劳动和物化劳动耗费支出的总和。实际上，不仅营利组织有成本，非营利组织也有成本。马克思认为："教学会生产劳动能力。"[①]也就是说，办学有成本、教育有成本。办学或教育活动是一种特殊的"产品"生产过程，由此所引起的资源耗费与企业的耗费，虽然在性质上是相同的，但在耗费价值转移的形式与转移价值的内容上与企业有很大的区别。

1. 办学成本的含义

办学成本是商品经济的价值范畴，是商品价值的组成部分，可以理解为狭义的教育成本，它是学校在办学活动中所耗费活劳动和物化劳动支出的总和，是学校为实现教育基础职能和基本目标而发生的费用。办学成本与教育成本是两个不同但又有联系的概念。办学成本并非完全意义上的教育成本。完全意义上的教育成本，其承担者，除高校外，还有政府、个人乃至社会等。

办学成本与企业生产经营成本比较，除具有成本补偿的间接性、成本的不配比性以及成本计算期与会计核算期的不一致性外，还有以下两个特性。一是成本的完全性。例如，科研费用，对于高校来讲，它的办学类型是教学型的，进行的科研活动是为了提高学校的知名度以及持续发展的需要，所发生的科研费用难以归集和分配到具体的班级和学生，但从投资的角度理解，发生的科研费用仍然是学校的办学成本。因此，办学成本属于完全成本。二是办学效益的迟效性。学生毕业后在各行各业施展才华，最大的受益者是国家和家庭，对于学校则不能以办学成本支出来说明所得的效益，只有学生有了安定的工作或做出成绩才能间接显示出来。从这一点来说，办学效益是一个需要长期认证的过程。

笔者认为，成本效益管理实质上是一种基于效益分类划分的成本管理模式，该模式旨在提升财务管理效能，提高办学效益，为实现可持续发展提供物质保

---

① 中共中央马恩列斯著作编译局. 剩余价值理论[J]. 人民出版社，1975.

障,其精髓在效益,重点在成本。成本效益管理是现代管理制度对高校管理的客观要求,也是教育成本管理的必由之路。

2. 高校实施成本效益管理的重要性和紧迫性

目前,高校在社会服务能力、经费保障、发展空间等方面普遍存在着局限性,相对而言,面临的困难更多,压力更大,任务更艰巨。如何在日趋激烈的竞争中求得生存并实现可持续发展,是当前高校面临的最现实和最关键的问题。

(1)实施成本效益管理是加强内涵建设、实现可持续发展的必然选择。一方面,高校大规模扩张已明显放慢;另一方面,虽然高校教育投入绝对数在增加,但随着招生规模不断扩大,有限的教育资源落实到新建高校,已是所剩无几。资金及经费问题已成为制约学校发展的突出问题,控制成本与提高办学效益上升为高校办学进程中的主要矛盾。尽快实现发展和管理转型,已迫在眉睫。因此,按照科学发展观的要求,尽快将追求办学规模和速度转到注重办学质量和效益上来,全面提高人力、财力和物力等各类资源的利用效率,构建人尽其才、财尽其力、物尽其用的成本效益模式,是学校加强内涵建设、实现可持续发展的必然要求。

(2)实施成本效益管理是有效化解债务、尽快走出财务困境的现实需要。

(3)实施成本效益管理,通过全面成本管理,能起到有效控制成本的作用。

一般的高校,其主要成本为人力资源成本,而实际上,大多高校的人力资源成本已占总成本比例的50%以上。由于高校人力资源管理成本面临社会趋同与均衡性的要求,高校必然会存在较高的人力资源管理成本。

高校往往既面临人才资源缺乏、人才层次不高,又存在资金投入有限等问题。为此,要有效控制办学成本,必须突出人力资源成本管理。实施成本效益管理,把办学成本全部纳入管理范畴,把控制人力资源成本作为主要控制内容,起到有效控制成本的作用。

(二)成本效益管理的现状及存在的问题

目前高校的成本效益管理现状不容乐观,呈现"一个不多、两个不少"的特征,即不效益的不少、非效益的不少、有效益或高效益的不多。具体表现主要有以下几方面。

1. 认识不高，理念不强，制度不到位

高校管理者缺乏成本意识，对办学成本状态不清楚，总是考虑如何花掉经费，很少思考如何节省成本；总是一味地靠举债过日子，甚至不惜违规集资，很少思考收入的拓展与财务风险的防范；错误地认为高校是国家的，举多少债都没事，国家是不会看着高校因还不了债务而倒闭的；更没有把建设节约型高校作为全校人员明确的奋斗目标；没有把注重成本效益提升到立校、兴校的一个基本原则的高度；没有形成一整套从上到下以注重成本效益为导向的规章制度和实施办法。理念和制度的缺失，必然导致在实际行为上出现一系列不效益或非效益问题。

2. 财务计划科学性不强，疏于预算管理，"顾此失彼"，以致超支严重

一些经费预算项目无论证或论证不充分，执行无标准或标准不准，无计划、超预算现象时有发生，甚至基本运行常常"寅吃卯粮"。在具体分配预算经费时，不能正确处理好"公平"与"效益"的关系，或者"一刀切"；有的一般性消费支出居高不下等。诸如此类，大多是成本非效益管理的具体体现。

3. 基本建设片面追求"高、齐、全"，各种违规问题、浪费现象时有发生

有的基本建设脱离实际，超标准或只关注外表形式，不考虑整体性、科学性、实用性、可行性；有的把"千方百计"争取到的资金，用到"楼堂馆所"上；有的不少新建的楼房成为"问题房""闹心房"，"跑冒滴漏"等各种问题层出不穷，不断维修，加大成本；有的在教学设备采购中，用举债资金购买基本不用、少用甚至是多年未开封的设备；有的不断被查出包括乱收费在内的违法违规问题；等等。这些都是成本不效益的具体现象。

4. 资源配置不合理，增收政策措施乏力，筹资渠道单一、有限

不少高校没有资金只会想到高息"借"，缺少多方筹资的途径，增收无力。另外，校内一些项目资金的提留和分配办法不够完善。一些有形和无形的国有资产用于经营所取得的收入应该直接进入学校，或由学校统一管理分配，实际却相反，造成学校资金流失或浪费。这些都严重影响了学校办学效益的提高。

(三)构建成本效益管理模式

1. 成本效益管理模式须明晰的一个目标

高校推行成本效益管理是为了达到降低办学成本、提升管理效能、提高办学效益的目的,使有限的资源发挥出最大效能,确保学校可持续发展。

2. 成本效益管理模式须贯穿的两条主线

为有效推进成本效益管理达到主体目标,就要抓好"两条主线",并将其始终贯彻于成本效益管理的整个过程中。

(1)培植意识。在办学指导思想和理念上,不要把成本效益仅仅看成纯技术性的、财务部门的事情,而应该作为治校理政的一个基本原则,一个主要因素,一个始终要提到学校领导面前的重要议题,一个始终要坚持正确解决的具有战略意义的永恒性课题。

(2)实践执行。具体分以下三个步骤来实施:第一步,调查研究;第二步,明晰权责;第三步,总结完善。

3. 成本效益管理模式须重视的两项改革

成本效益管理下的高校改革包括:推行二级管理,改革财务政策执行体制;强化成本管理,改革办学成本控制方式。

4. 成本效益管理模式须提供的四项保障

实施成本效益管理需要的四项保障包括:法规保障,科技保障,人员保障,机制保障。通过机制的建立健全,解决高校财务管理过程中的实际问题,保障高校财务管理效能的提高。

5. 成本效益管理模式须弹好"五根弦"

成本效益管理模式须弹好"五根弦",具体包括:弹好"定位"弦,向特色要效益;弹好"收入"弦,努力做好做大蛋糕;弹好"预算"弦,充分发挥预算的配置效益;弹好"资金"弦,切实提高资金的使用效益;弹好"考评"弦,建立业绩导向的资金使用机制。

第四章

高校财务风险及预警改革创新

高校财务风险及预警机制研究对提高高校发展的安全性具有极其重要的作用。如果没有事先的财务风险评估和预警系统预警，高校的财务管理和发展工作将如履薄冰，随时面临遭受巨大损失的危险。因此，财务风险与预警的研究是高校发展的保障，能够保证高校健康、稳步发展。本章将从财务风险预警入手，深入探索其工作模式，构建高校财务风险预警指标体系。

第一节 高校财务风险概述

一、高校财务风险的定义

（一）风险及财务风险

1. 风险的含义

风险来自现实世界的不确定性和人类认识的局限性。人类认识到风险，因为风险通常与损失有关。因此，人们习惯将不良事件的可能性称为风险。风险没有统一的定义。不同的学者从可能性与不确定性、期望与现实、主观与客观的角度对其进行了描述，并提出了不同的定义和解释。

韦伯字典将风险定义为："危险；危难；遭受损失和伤害。"[①]其他有关风险的定义有："风险指出乎意料的可能性""风险是指人们对结果的期望值与客观实际结果发生差异的不确定性""具有不确定性的损失就是风险""风险是在风险状态下一定时期内可能产生的结果变动"。

彭邵兵、邢精平将风险定义为："风险是事件的不确定性所引起的，由于对未来结果予以期望所带来的无法实现期望结果的可能性。"[②]以风验定义中我们提取其中三个关键词，即"危险损失观""结果差异观"和"不确定性观"，并认为用"不确定性"来归纳风险更具代表性。简而言之，风险是结果差异引起的结果偏离，即期望结果的可能偏离。该定义指出对未来结果的期望是风险产生的根源，

---

① 佚名. 韦氏词典[M]. 北京：世界图书出版公司北京公司，1996.
② 彭韶兵，邢精平. 公司财务危机论[M]. 北京：清华大学出版社，2005.

并揭示了风险的实质是结果偏离。

由于风险是以潜在危机的形式存在的,具有一定的发生概率,而不是现有的客观结果或既定事实,因此风险研究和控制的目标应该是尽量降低风险发生的概率,防止风险的潜在性变为现实,防止可能的危机变成真正的损失。

2. 财务风险含义

了解财务的本质是研究财务风险的首要任务。现有文献中关于财务本质研究的代表性观点有五种：货币关系理论、资本流动理论或资本关系理论、价值分配理论、本金投资与收益理论、财产流动理论。其中,资本运动理论在中国财务理论领域的影响力持续了40多年。许多研究者深受这种思维的影响,也影响了其对高校财务风险的定义。

对于财务风险的含义,现有文献有三种代表性的观点。

第一,汤谷良、陈新宁、韩玲、刘格辉等代表学者认为,财务风险是企业资金运动(或财务活动过程)中存在的风险,这些风险包括外汇风险、股利分配风险、投资风险、筹资风险、资金运营风险等在内的全部风险,几乎等同于财务管理的风险。众多研究财务风险计量、预警、控制和管理的文献都是以此为基础的。

第二,在西方学术著作相关研究中,几乎都将财务风险视为筹资风险,这种风险与企业筹资相关,为具有负债筹资的企业所特有。尤其是指财务杠杆导致企业净收益变动的风险,甚至可能导致企业破产的风险。在规范的财务管理学术研究中,企业资本结构的设计和优化是一个权衡过程,用于权衡债务带来的财务风险和利用债务产生的收益。资本结构属于筹资领域,投资风险属于投资领域,投资与筹资在金融上是分离的。

第三,金融风险可分为狭义和广义两种。狭义上讲,金融风险是由企业负债造成的,指企业因借款而丧失偿付能力的可能性。广义的金融风险是指企业作为一个完整的系统进行财务活动的过程,包括融资、投资、资本运作和收益分配四个有机环节。在每一个活动环节都可能存在风险,企业的财务活动过程被视为一个完整的系统。

（二）高校财务风险的含义

财务风险原本是企业财务管理的重要组成部分。我国的公立高校作为事业单位，是依靠财政拨款的，其财务风险与我们所知道的传统意义上的财务风险不同。然而，随着高校教育规模迅速扩张和发展，为了适应这种剧烈的变化，高校开始更多地借鉴和利用企业管理的有益经验来管理高校，高校的财务管理也不再是没有任何风险的，高校的财务风险问题日益突出，高校应该做好风险管理的准备。

二、高校财务风险的组成

高校与企业是不同的，高校是非营利性组织，下面从三个方面分析了高校的财务风险。

（一）投资风险

不同于企业的是，高校属于非营利性组织，一般是为了教学和科研需求而进行投资，因此投资风险一般在基建项目和校办产业链上。

合理的基建项目投资可以提高高校的办学水平与办学质量，缺乏科学论证的基建项目投资，不仅不能取得预期的社会效益和经济效益，还会给高校带来巨大的贷款压力。

高校的校办产业是为了实现高校科技成果转化而成立的，虽然现在大多校办产业已经进行了公司制改造，但是高校与校办产业的联系也紧密相关，一旦校办产业因为经营不善而产生经济损失，那么高校也要因此承担连带经济责任，这样的风险也称为校办产业链风险。

（二）筹资风险

如今，高校的融资方式越来越多样化，除了财政拨款、学费收入，也包括国内外资助、金融机构贷款等多种形式。在高校经费总流入中，最稳定、最可靠的经费来源之一就是财政拨款，其风险几乎可以忽略不计。国内外基金的财务风险也可以简化计算，因为他们在经费总额中的占比非常小。学费收入风险顾名思义就是学生没有按时缴纳学费而导致的财务风险，但是这种风险比较好管理，只要加强学费管理就完全可以避免这种风险。高校的融资风险主要表现为贷款风险，高校金融机构的贷款风险指的是贷款风险、贷款结构不合理、贷款使用不当或贷款管理不善、国家政策变化、利率波动、长短期负债失衡以及高校偿债能力不足等造成的风险。目前，银行贷款和其他金融机构贷款是解决高校资金短缺的主要途径。然而，随着高校贷款规模的不断扩大和长期贷款比例的逐渐增加，高校的融资成本也在不断增加。

(三)教育教学风险

目前，随着高校教育教学改革，高校的招生规模不断扩大，但高校在软件、硬件等教学设施上无法保证与招生同比例增长，这就导致了许多大学的人均校园面积、学生人均图书数量都有所下降。加之教学设备数量不足、基础设备落后、师资匮乏等情况，高校教师承担了过重的教学任务，根本没有足够的时间来进一步参加继续深造。知识不能更新和提高，导致教育教学质量下降，科研能力减弱，毕业生素质下滑。毕业生很难找到合适的工作。最终的结果就是，高校办事效率低下，教学质量打折扣，学校声誉受损，进而引发学校财务危机。

如果高校为了规避财务风险，进一步削减日常教学经费、科研经费、教师培训经费、教师待遇经费，那么教育教学质量必然下降，教师流失情况也会加重，导致"教育教学风险—财务风险—教育教学风险—财务风险"的恶性循环。

第二节 高校财务风险预警指标体系的构建

一、财务预警的基本方法

在对"预警"一词进行溯源过程中发现，其在早期阶段频繁出现在军事领域，在该领域内，"预警"主要被认定为是一种有效的防范措施，其所防范内容多为突然袭击事件，并且可以提前预告突然袭击的具体信息。而随着时代的不断变迁以及人类社会进步与发展，预警开始出现在各个不同领域，政治、经济、技术以及医疗等领域范围内均可看到预警的踪迹。从类型和范畴上来看，财务预警被归类于经济类目，并且预警在财务中的有效应用，以经过反复实证后的相关数据作为依据，构建起了一整套兼备高效化和精准化的财务危机识别模型，该模型的建立目标主要是凭借自身所具备的建模技术进一步提升判别准确率。

从某种意义上，可以将财务预警视为一个循序渐进的过程，第一步精确预测财务风险,第二步系统构建财务预警模型,第三步搭建起完整的财务风险预警系统。

(一)计量经济方法

1. 单变量判别分析(UA)

威廉·亨利·比弗(William Henry Beaver)是世界著名的会计学家,他早期所发表的诸多关于财务危机预警信息的文章,一定程度上影响了后期全球广大企业对财务预警的研究。在实际研究过程中,比弗选取了当地79家已经破产的企业,在未破产名列中筛选同样数目的79家企业,并尝试以破产前5年作为时间节点,针对未破产企业和破产企业中30个财务比率的均值进行综合比较,其中回判标准主要为破产与未破产分类检验中误判率最低确定比率值的分割点,通过长期研究观察发现,实验样本在批产前一年现金流与总负债比率的判别精度达到了86.7%的最高峰值。比弗的这一研究表明了在企业破产能力预测过程中不同财务指标所达到的预测水平不一,并且研究所得相关结果为多变量方法预测提供了可靠依据。

2. 多变量判别分析(MDA)

美国金融学教授爱德华·阿尔特曼(Edward I. Altman)于1968年运用多变量判别分析(multivariate discriminant analysis,MDA)方法展开了一项著名的组合实验,该实验中主要选取美国1946—1965年破产和未破产的33家企业,在对两类实验样本财务指标进行获取和评价后,完成了对Z-Score模型的建立,且该模型中包含5个财务比率,透过模型的预测和监测可以发现,其中破产企业在破产前一年的预测水平相对较高,精确度高达95.7%。

不同于单变量判别分析,多变量判别分析在设定不同判别组协方差矩阵式,在设定标准上具有同一性,判别准则一般选取最小误判率,正因为如此,使得判别函数某种程度上呈现出一种线性形式。如果协方差矩阵无法达成相等的标准,那么在函数判别过程中则无法延续线性形式,而是有次形式,当企业财务中某一项指标发生变动时,表现过于敏感,并且相较于线性模型,此模型在破产前2~5年的预测水平和精度整体偏低。除此之外,在变量分布水平预测方面,多变量判别分析也同样有着十分严格的要求,那就是对于独立正态分布预测变量需持高度服从态度。这一要求的提出,无形中减弱了多变量判别方法预警的及时性、有效性以及精确性。

3. 线性概率回归模型

1972年,埃德米斯特(Edmister)透过0-1线性回归,完成了对线性概率回归模型(Linear Probability Model,LPM)的有效建立,线性概率回归模型中的财务比率数目延续了ZETA模型,仍保持在7个的标准上,但预测的平均精度不低于90%。埃德米斯特认为多变量判别分析方法在具体应用中可以划分为"黑—灰—白"三个分区,在上述分区中,企业误判内容主要集中在"灰区",一般情况下,对于企业破产概率的计算首选模型就是线性概率回归模型,该模型不但可完成对企业"灰区"的深度探究,且可依托于自身优势完美转化企业破产概率以及财务比率,一定程度上有助于提升回归分析的实效性。但该模型在实际回归分析过程中,无法确保分析结果与预期结果保持一致,对此,可通过Probit函数和Logistic函数两者的转化,获取与之所对应模型,即,多元概率比(Logit)模型和多元逻辑(Probit)模型,其中,应用频率较高的方法为多元概率比方法。

(二)简单的非参数方法

1. 熵值法(Entropy Method,EM)

最早按照资产和权益结构分解财务报表不同时期数据的是泰尔(Theil)和列夫巴鲁列夫(Baruch Lev)两位学者,二者通过对熵值测度分析的有效运用,发现财务结构中的非稳定性是造成企业常常陷入财务困境的主要原因。1977年R·查尔斯·莫耶(Moyer,R.Charles)为达到对企业财务困境精确预测的目的,尝试引入资产负债表信息分解方法,从其预测结果来看,相较于单变量模型和Z-Score模型,该方法的预测结果精度稍显逊色。

2. 递归分割方法(Recursive Partitioning Analgsis,RPA)

1985年,弗里德曼(Frydman)运用递归分割方法,将财务比率视为判别点,完成了对二叉分类树的有效建立,并且在划分破产企业和未破产企业过程中,主要以最低误判成本为划分依据。在递归分割方法中,在指标选择上主要有两种,一种是定性指标,另一种是非财务指标,但针对结构形式相对较为复杂的分类树而言,容易激起样本数据的过度适应性,针对样本以外的判定出错率升高,由此可以得出，应最大限度地确保分类树结构的简易性、灵活性以及适应性。此后，麦基则通过有效结合熵值和递归分割方法，实现了对交互两份模型的系统设计与开发，该模型对企业破产的预测主要以决策树为主，精确度不低于95%。

除上述几类方法之外，数据包络分析、K临近法（K-Nearest Neighbor，KNN）、聚类分析等同样属于简单的非参数方法，一般情况下，若是出于对破产时间因素的考虑，在诊断破产过程中可尝试采用贝叶斯决策（Bayesian Decision Theory）。非参数方法与计量经济方法最大的不同在于，前者可以突破某些假定条件的约束，如变量样本分布、先验概率以及条件概率等，可有效结合主观判断，在实际使用过程中更为灵活、有效，其中很多思想与人工智能方法"抱团"，但其灵活性也成为其标准化道路上的"障碍"。

（三）人工智能方法

若要对人工智能方法进行归类，同样可划分至非参数方法行列，但相较于其他非参数方法，人工智能方法无论是在模式识别方面，还是数据演算推理方面其功能性均较为突出，可迅速蔓延至财务预警研究领域，并可协助财务预警获取大量更为精确、详尽的数据信息。

1. 神经网络（ANNs）

神经网络（ANNs）全称为"人工神经网络（Artificial Neural Networks，ANNs）"，其在财务预警领域内的系统研究和应用可追溯至20世纪90年代，ANNs的创新应用，不但提高了预测的有效性，且在一定程度上实现了判别结果的精确度。神经网络中的学习算法、训练网络、网络结构以及相关数据等四个环节关乎整个财务预警结果。并且神经网络方法还可实现多模式识别，而这种识别应避免脱离实际困境程度，且从理论角度来看，神经网络还可与财务预警管理系统相互融合。神经网络与计量经济最大的不同在于，该方法能够实现对非困境企业的有效识别；在预测的稳健性方面，神经网络在样本量和变量数据方面较传统统计方法做出了改变，预测精度和稳定性有一定的提升，但这种提升需将误判成本纳入考虑范围，若排除误判成本，则无明显的改进幅度。总体而言，目前难以判断计量经济模型和神经网络孰优孰劣。

2. 遗传算法（Genetic Algorithm，GA）

遗传算法的设计理念主要是在总结广大自然领域内各生物遗传特点和进化规

律的基础上进行真实模拟,进而实现在海量信息空间内完成对概念的随机性搜索。该算法诸多硬、软约束目标函数的多参数优化问题中有着较强的适用性,且目前已被广泛应用于金融财务领域,比如,证券选择、预算分配、证券组合选择以及信用评价等。相较于预警模型这种以财务利率为前提所提炼而成的 if-then 判别规则,遗传算法不但在结构上更为清晰明确,便于理解,并且能够按照相关规则完成对定性变量的精准提取。

3. 粗糙集方法(Rough Set Theory,RST)

经过多方研究证实,粗糙集方法是一种可以通过一组多价值属性的变量来实现对多个对象进行系统描述的工具,其这一功能可以在一定程度上形成对某种特定关系的揭示,如,关联性财务特征与企业失败风险。相较于其他方法,粗糙集方法的特征主要表现在以下几点。

可完成对各类数据中所隐藏事实的深入挖掘,运用自然的语言表达成一组决策规则,并以案例支撑起每组决策规则;可实现对定量变量和定型变量的深度糅合,对于约束和模糊隶属度评价无须做过多的统计;可避免在决策形成阶段,对时间和成本产生过多浪费,并且整个过程具有极为显著的透明性。

通过对决策者自身理论知识水平的充分考虑,并以此作为决策支持系统的重要继承因子。粗糙集方法在决策过程中展现出极大的可操纵性,并且受决策者知识背景和样本差异性等影响,最终所产生决策规则也不尽相同,因此,借助该方法所获取的一系列研究结果相互之间无法实现通用。

4. 基于案例推理方法(Case-Based Reasoning,CBR)

基于案例推理方法作为诸多决策方法中的一种,主要被应用于各种复杂决策环境中,特别是在划分存储案例中较为常见,且分类过程中所采用算法多以 K 临近算法为主,并且能够以此为前提对新增案例状况进行系统判别和精准预测,在财务预警研究中的应用频率也相对较高。

通过集合各种人工智能方法来完成对相关财务预警模型的系统构建与完善,不但有助于各类模型自身优势的全面发挥,且能够在一定程度上实现预测精度的全面提升。目前,常见的组合方法主要有以下几类:自组织网络方法——神经网络方法、粗糙集方法——数据挖掘方法、粗糙集方法——遗传算法、神经网络方法——粗糙集方法、模糊神经网络——粗糙集方法等。上述各类通过组合而形成的计算方法，现阶段尚无法判断其优劣性，而如何通过结合各种判别和预测方法，构建起多目标决策支撑的系统模型，成为当前相关研究领域的重点研究和实践探索方向。

二、高校财务风险预警指标体系的建立原则

高校财务风险防范是否有效很大程度上取决于高校财务风险预警指标体系建立的健全性与完整性，为此，在建立相关体系时，需确保最终所建体系符合以下几项原则。

(一)体现高校财务风险的特点

与高校不同，企业在组织性质上具有显著的营利性，企业内部资金的流转很大一部分是为了达到企业的增值目的；而高校属于典型的国家事业单位，在性质上属于非营利组织，为确保教学活动以及科研活动的顺利开展从而进行一系列资金流转。因此，二者存在本质上的区别，其中，高校的独特性更为显著，具体主要表现在以下几个方面，如资金筹备需与政策要求相一致，开支类别中含有部分费补偿性内容以及产品周转中具有不可再生性等。如果说，高校并不具备与企业相同程度的财务风险，那么高校财务风险便需要以相关风险评估指标进行选取。

(二)定量分析与定性分析相结合

财务分析是否精准有效，除了有效结合定性和定量分析外，还应以高校财务风险预警系统为依据，不但要以模型完成定量分析，还要以财务人员经验完成定性分析。对于定量分析和定性分析而言，前者的基础条件为数据，后者则为逻辑，两者互为补充才可确保取得理想的财务风险预警效果。

(三)具有动态性特点

高校财务预警指标的动态性，一方面，主要体现在高校财务预警指标对过去和未来的评价及预测，受高校财务预警指标评价与预测对时间和空间的跨越的影响，高校财务预警指标被赋予了动态化特性；另一方面，动态性还表现在其随情况变化而发展方面，高校财务风险变化时，财务预警指标需根

据风险变化情况进行技术的调整和补充,最大限度地确保高校财务预警指标的实时性。

(四)反映全局和系统的观念

从目的角度来看,高校所构建的相关财务预警指标体系主要是为了开展预警及预警相关的一系列活动,相关内容主要涵盖以下几点。

1. 事前预警

对评价指标进行确定,对安全和风险两个区间进行明确划分,根据实际情况构建数学模型以及快速、精确地传输各种资料信息。

2. 事中预警

通过对所获取信息的深度分析,发现其中所潜藏的各类问题,并发出相应的预警信号。

3. 事后预警

对财务风险具体产生原因进行初步判断和分析,搜寻风险形成的根源,并根据当前所掌握信息完成对相关追踪系统的建立,借助此系统完成对错误的纠正和预警的跟踪。

高校财务预警系统要进一步加强对日常监控的重视程度,对各种可能形成预警的情况进行重点跟踪和观察,将问题的挖掘深入每一个细微之处,做到对症下药。

三、高校财务风险预警指标体系

高校在选取财务预警指标过程中,所选择指标除了要具备高度的敏感性之外,还要能够对高校财务风险状况进行真实且有效的反映。本书基于多个能力维度,如运营、收益、偿债、发展等内容,筛选了国内 20 所高校,并参考大量研究结果和文献资料,构建起了一整套相对系统完整的高校财务风险预警指标体系,该体系可集中反映 20 所高校财务状况。

表 4-1　高校财务预警指标体系

偿债能力	X1	资产负债率
	X2	流动比率
	X3	债务率
	X4	后勤及校办产业资产负债率
	X5	短期偿债能力
	X6	现实支付能力
	X7	潜在支付能力
运营能力	X8	收入支出比率
	X9	公用支出比率
	X10	自筹收入比率
	X11	应收账款占流动资产比率
	X12	应付账款与应收账款比率
	X13	应收账款占总资产比率
	X14	基建支出依存度
	X15	基建负债占资金来源比率
收益能力	X16	资产收入率
	X17	净资产收入率
发展能力	X18	总资产增长率
	X19	净资产增长率
	X20	自有资产动用程度

（一）偿债能力

　　针对偿债能力的定义，目前主流的说法是当债务本金和债务利息到期后，高校是否有一定的经济能力进行偿还。无论是高校管理层还是企业债权人都十分重视单位偿债能力，对于高校而言，偿债能力强则表明在流动资产特别是货币资金方面的储备充足，可形成对学校日常经营活动的有效保障，并且这些储备资金还可满足其他方面的资金需求，如支付各种到期费用账单和其他债务等。本次研究为进一步了解高校偿债能力，选取了 7 个指标，具体如下：

1. 资产负债率×1

资产负债率＝负债总额/资产总额×100％

针对高校的债偿能力，高校资产负债率可对此进行较为直观化、综合化的反映，在全方位比较和分析负债和资产两项内容后，基本上可以推断高校多少资产是通过举债获得。一般情况下，高校资产负债率与债务责任呈正相关，资产负债率越高，所对应的债务责任、无法按时偿还到期债务以及财务风险发生的可能性越大，但从债权人角度来看，不断升高的资产负债率，会对自身权益产生极大威胁。大量研究实践表明，高校资产负债率在30％～60％区间较为合适。

2. 流动比率×2

流动比率＝流动资产/流动负债×100％

流动资产与流动负债两者之比所反映的正是流动比率，流动比率作为一种特殊的财务指标，在高校短期偿债能力分析方面较为常见，主要所解释的是高校流动资产对偿还到期流动负债的保障程度。在偿债能力判定过程中，流动比率是其中一项十分重要的指标，银行在受理贷款业务时，均以流动比率作为参考，从而实现对企业信用水平的综合判定。通过分析总结认为，2∶1以上是流动比率较为合适的范围。一般情况下，面对流动负债高校常以流动资产作为偿还资金，当流动比率越高，此时流动负债则会得到更好程度的保障。从另一角度来看，应尽可能地避免流动比率超出规定范围，如果比率过高则表明高校流动资产占用了太多资源，极大降低了资金效益。

3. 债务率×3

债务率＝负债总额/收入总额×100％

高校负债总额与总收入所构成的比例关系可在一定程度上形成对高校总债务水平的集中反映。当债务率水平不断攀升，则表示高校逐渐丧失了在债务偿还方面的能力，高校目前所获取的相关收入，对债务的全额偿还能力下降；相反地，若债务率水平呈逐渐放缓态势，则表明高校所获取的收入总额对全部债务的偿还能力提升。一般认为高校债务率在50％～140％的区间较为适合。

4. 后勤及校办产业资产负债率×4

后勤及校办产业资产负债率＝后勤校办产业负债总额/后勤校办产业资产总额×100％

高校财务管理与绩效评价研究

当后勤及校办产业资产负债率较高时，将加剧其在财务方面的风险程度，而这也是高校其他各类财务风险的产生根源。努力将后勤及校办产业资产负债率维持在合理区间，能够在一定程度上确保高校在经济效益和社会效益方面的双重获得。一般认为高校该指标在40%~70%的区间较为合适。

5. 短期偿债能力×5

短期偿债能力＝(现金及银行存款＋债券投资＋应收及暂付款＋借出款＋基本建设应收款＋基本建设货币资金－借入款项)/(应付及暂存款＋1年期以内贷款＋其他借入款＋其他应付款＋基本建设应付款)

对于流动负债而言，高校以流动资产对其偿还的保障程度就是短期偿债能力的体现，其中基础建设部分也属于此范畴。该指标值越大，说明高校短期偿债能力越强。相反，则高校短期偿债能力越弱。一般认为高校该指标在0.9~1.15区间为宜。

6. 现实支付能力×6

现实支付能力＝货币资金/月平均支出

月平均支出＝年支出总额/12

现实支付能力所反映的主要内容是，在某一时期内高校所持有的货币资金能够维持多久的正常开支。当高校具备较高水平的现实支付能力时，则表明高校日常开支有足够的货币资金作为支撑条件，这种较强的偿债能力还表现在负债到期时仍有足够资金进行债务偿还。一般认为高校该指标在4~7的区间为宜。

7. 潜在支付能力×7

潜在支付能力＝(货币资金＋应收票据＋借出款－应付款－应缴财政专户－应交税金)/月平均支出

当高校日常周转资金和机动使用资金量比率越高，则高校可基于此获取较强的潜在支付能力，但需要注意的是，应避免这一比率的无限升高，否则就要考虑其阻碍发展的资金量大小。一般认为高校该指标在3~5区间为宜。

(二)运营能力

对于运营能力的定义，常指的是高校在受到其他外部环境因素的约束后，为确保预期财务目标的实现，尝试通过重新配置和组合高校各类资源，如人力资源、物力资源等途径维持自身运营能力。一般情况下,在选取运营能力相关指标过程中,要确保所选指标能够形成对高校财务管理能力的综合反映。一旦这些指标出现超越警戒线现象,则可能导致高校财务资金运转困难。本研究活动在实际开展过程中,为能够更加系统、全面地反映高校的运营能力,选取了8个定量指标,具体如下:

1. 公用支出比率×9

公用支出比率=公用经费支出/事业支出×100%

高校应尝试通过多种途径对当前阶段自身资金支出结构进行逐步完善和调整,提高公用支出在总支出中的比重。一般情况下,如果公用支出比率较大时,则表明高校在教学事业方面投入了大量资金;反之,若公用支出比率较低时,则表明高校资金有限,且大多用于人员经费。针对这一现状,高校应优化当前支出结构,努力提高公用支出在总支出中的占比。一般认为,50%~75%是合理的公用支出比率范围,高校为确保自身处于该范围之内,需在各方的共同努力之下不断提升收入总量,加快公用支出比率的全面提升,并适当地将资金投入各类有助于高校自身发展的领域范围。

2. 收入支出比率×8

收入支出比率=支出总额/收入总额×100%

当支出总额>收入总额,收入支出比率>1,则高校本年度出现赤字,高校可用以前年度结余或通过举债实行资金平衡;而支出总额<收入总额时,收入支出比率不足1时,则高校财务状况良好。一般认为高校该指标在0.8~1.2之间为宜。

3. 自筹收入比率×10

自筹收入比率=自筹收入/总收入×100%

自筹收入=事业收入+其他收入+经营收入+附属单位缴款

当高校自筹收入比率较高时,说明高校可通过多种渠道获取可观资金,并将这些资金投入日常办学经营活动,可一定程度缓解高校对地方政府财政拨款的过度依赖性,通过这种自主探索形式不断拓宽资金渠道,高校具备了较强的自主发展和办学能力。而从相对动态化的角度来看,自筹收入比率还在一定程度上对高校在自筹资金过程中的努力程度进行集中反映,并以其他院校作为参考从横向和纵向两个角度与自身进行比较，比较结果可集中反映高校办学经营和财务管理水平。一般认为高校该指标在30%～50%区间为宜。

4. 应收账款占流动资产比率×11

应收账款占流动资产比率＝应收账款/流动资产×100%

应收账款占流动资产比率可作为衡量高校信用质量和水平的一项重要指标。如果应收账款在流动资产中占比较大时，表明高校可以灵活应用的资金被压缩，周转资金不足，可能会面临来自不同方面的财务风险。一般来说应收账款在高校流动资产中的比重应控制在20%～80%之间为宜。

5. 应付账款与应收账款比率×12

应付账款与应收账款之间的比率＝应付账款/应收账款×100%

应付账款与应收账款两者之比重在对高校占用资金和被占用关系的全面分析与综合考察，如占用资金和被占用资金的协同性、稳定性等。一般认为，100%～140%是高校应付账款与应收账款的合理比率范围。

6. 应收账款占总资产比率×13

应收账款占总资产比率＝（应收账款＋基本建设应收款）/总资产×100%

应收账款占总资产比率中的应收账款含有一部分的基本建设内容，该指标主要是对此在资产部类合计中的占比以及应收项目所占资金比率的合理性进行综合考察，但从某种程度上来看，这种考察一定程度上不利于资产使用效率的全面提升。如果这一指标不断提升则表明在高校总资产中应收账款的占比逐步扩大，无形中增加了相关财务风险的发生概率。一般认为高校该指标在25%～35%区间为宜。

7. 基建支出依存度×14

基建支出依存度＝基建负债/基本建设支出×100%

基建支出依存度是基本建设累计负债除以基本建设累计支出的比值。该指标在核心考察内容上主要表现为借款或贷款在基建支出金额中的占比，并且该指标从一定程度上反映了高校基建对负债的依赖程度。一般认为，该指标的合理范围需设定在20%～70%之间。

8. 基建负债占资金来源比率×15

基建负债占资金来源比率＝基建负债/资金来源合计×100%

不同于其他指标，该指标主要围绕基建资金来源中负债占比进行重点考察。一般认为，高校该指标合理范围在30%~60%之间。

（三）收益能力

高校是否能够在日常办学活动中获取一定的经济效益，收益能力是最为直接的反映。近些年来，随着国内高校发展的日益规模化和数量化，高校内部矛盾日益突出，其中以教育事业发展与资金供给两者之间的矛盾最为常见。这一矛盾的不断演化，使得社会各界纷纷将研究重点转移至如何通过各种有效途径充分发挥高校自身办学特色，并借此提升自身社会和经济收益。且具体到各校自身而言，其在收益能力方面的强弱尤为关键，关乎高校未来整体运营和发展的高效性、稳定性以及持续性。

若高校收益能力不达标，与预期指标效果存在差距加大则表明高校可用于教育事业发展的资金极为短缺，这也是财务风险产生的原因之一。为更加详细、全面地反映高校收益能力，本研究选取了两个重要指标，即资产收入比率、净资产收入比率。

1. 资产收入率×16

资产收入率＝收入总额/资产总额×100%

当资产收入率达到一定水平时，表明高校资产投入获得了理想收入，或者高校少量资产投入却获得超额收入，这一情况下可证实高校在收益方面的超强能力，相反，则不具备强大的收益能力。一般来说，高校资产收入率的合理范围在35%~75%为宜。

2. 净资产收入率×17

净资产收入率＝收入总额/净资产×100%

若净资产收入率越高，则表明高校的投入产出越高，此时意味着高校收益能力越强。反之，高校收益能力越弱。一般认为高校该指标在45%~90%区间为宜。

（四）发展能力指标

对于高校而言，发展能力是对自身财务目标和发展目标的集中反映，也在一定程度上体现了高校在不同领域的能力水平，如收益能力、偿债能力以及运营能力。高校是在收益能力和偿债能力方面所做出的努力，其目标都指向一个目标，即高校未来生存和发展。为更加系统、全面地反映高校发展能力，本研究选取了总资产增长率、净资产增长率以及自由资金动用比率3个指标作为研究内容，具体如下。

1. 总资产增长率×18

总资产增长率＝本年总资产增长额/年初资产总额×100％

总资产增长率是从总资产增加额角度衡量高校自身发展能力的重要指标。

若总资产增长率较高，则表明高校年度内资产状态良好，且处于一种不断扩张状态。但需要注意的是，不能一味地突出总资产增长率的重要性，防止与高校实际情况相脱离，盲目扩张。一般认为高校该指标在0～20％区间为宜。

2. 净资产增长率×19

净资产增长率＝本年净资产增长额/年初净资×100％

净资产增长率是本年净资产增长额除以年初净资产的比重，判断高校各类净资产增值情况和发展潜力时，大多需要以净资产增长率作为参考条件。一般认为高校该指标在30％～50％区间为宜。

3. 自有资金动用比率×20

自有资金动用比率＝（应收及暂付款＋对校办企业投资＋其他投资＋借出款）/（事业基金＋专用基金－留本基金）×100％

自有资金是学校事业基金、专用基金、科研和事业项目结存等可用于学校日常周转使用的资金。高校支配自有财力的程度一般用自有资金动用比率来衡量。当该比率较小时，表示高校可动用自有资金的程度越高。一般认为高校自有资金动用比率在90％～150％的范围较为合适。

四、高校财务风险防范措施

（一）树立风险意识，重视高校财务风险的管控

若要从根本上有效规避财务风险，相关高校需从校内领导和财务人员着手，进一步强化各级风险防范意识。高校管理层作为办学业务运营之本需格外强调对风险防范相关知识的了解与掌握，在决策制定阶段，能够结合院校实际发展对可

能产生的风险进行提前预测,预估高校风险抵御和承受能力,提升决策的严谨性和自觉性,努力朝高校所预期的财务安全目标和效益目标前进。

高校财务相关管理层需充分意识到除了财务风险外,高校还面临来自债务方面的各种风险,如果高校银行债务风险有所降低,则可能意味着新财务风险的形成,如超前使用换代资金、社会融资渠道、隐性债务形式、各方搭接的借款方式等。

新形势背景下,广大高校需进一步加大对财务风险管控的重视程度,在构建经费管理机制的同时,要确保整个体系运行的规范性、有效性以及安全性,引领和促进学校健康稳定地发展。

(二)完善机构设置,落实风险管控责任

高校在划分经济责任过程中,除了要考虑相关领导机制之外,还应将校内机构设置情况纳入考核范围之内,具体划分层次主要参考以下几项:校长、财务处长、总会计师、二级单位财务负责人、基层单位财务人员等。不同层级人员所承担职责范围不同,彼此之间相互制约,共同组建起一个有机的统一整体。当财务危机产生之时,各层级通过彼此之间相互协作实施有效的控制措施,进而达成对财务风险有效化解的目的。若无较大财务危机时,各层级能够对可能发生的财务风险进行预测和监督,一旦风险发生予以及时、有效的控制和解决。与此同时,还应进一步加大公开财务力度,针对财务、资产以及财务管理相关制度,财政性资金、受赠财产管理使用情况以及学校年度经费预算决算方案、经费来源等各类信息,高校都应主动予以公开。这种公开化、透明化的财务管理,不但便于社会对高校财务信息的监督,且能够在一定程度上确保高校财务信息与相关规定相符。

(三)建立基本建设规模控制系统

在基本建设活动过程中,高校同样应当不断强化风险意识,根据基本建设规模完成对相关控制系统的建立,借助系统完成对各立项项目,如新增和续建内容进行科学、合理的控制,确保基本建设支出符合规定。

第一,在建立相关项目前,相关高校应从学生规模、基础设施规模、工程款拖欠情况、在建工程情况以及现金流量等多个角度出发,对相关项目进行控制标准的有效设定,其中基础设施规模应作为高校重点控制项目。

第二,高校应基于自身资金实力和未来发展需求,建立与基本建设项目相适应的调控机制,对基本设施规模进行科学、合理的控制。另外,需要格外注意的是,应尽可能地避免在资金紧张时期或贷款偿还时期,开展基建项目建设。

第三,进一步强化对基建项目的财务管理。在基础建设项目开展过程中,增强对财务的管理和监督,可有效控制基础建设成本在预期限额范围之内。负责基础建设项目的相关财务人员,可根据各个基建项目有针对性地编制相应的财务报表,在报表中完成对各项目评价指标的计算,并在考虑各个筹资渠道特点的基础上,对相关解决路径和方法进行重组,确保财务预测分析的客观性、公正性以及实效性。

(四)加强学校内部审计监察

针对内部审计工作,高校应进一步加强对这一领域的监察,应在法律法规、国家政策等审计内容的基础上,扩展至监督、监察、反馈、跟踪校内政策、制度、计划等的执行情况和效果。同时,将高校风险管理内部控制以及管理过程的有效性作为指标进行综合评价,并根据评价结果进行系统优化和完善,推动高校综合管理服务水平的全面提升。另外,新时期背景下,学校的贷款渠道除了银行之外,还有大量非银行融资渠道的加入,这一变化使得相关内部审计部门需格外注重对高校资金获取渠道的审计,特别是要将一些通过非正常渠道所获得的贷款或结果作为重点控制对象。资金获取渠道的正规性、潜在风险等进行重点审计,从源头遏制风险的发生。

(五)规范高校会计核算

《高等学校会计制度》是高校会计核算工作开展过程中所必须严格遵守的一项制度内容,该制度的执行可确保高校会计行为的规范性,为会计信息质量提供可靠的保障,且会计核算的标准性与规范性,对于会计核算的综合统一具有积极的推动作用。在本次研究过程中发现,部分高校以应收账款的贷方形式替代借款,以达到入账的目的,而应收账款中除了基建的借款外,基建的额外的工程款也包含其中。如此一来,高校的负债情况被很好地隐藏起来,无法实现对高校财务状况真实、有效、准确地反映,导致高校相关管理层难以通过初步监察和管理察觉其中所潜藏财务风险。因此,在开展会计核算过程中,高校应最大限度地确保各会计科目口径、可比性以及处理方法的高度一致性。

(六)加强高校预算管理

对于高校而言,除了上述对策之外,还应进一步加快完成对相关预算管理制度的健全与完善,确保预算管理真实有效地落地,使之成为抵御财务风险的有效路径,避免流于形式化。

第一,围绕原有预算方法进行调整和改善。高校可尝试以定额预算法和零基预算法作为切入点,将两者有效糅合,例如,可以通过灵活应用定额预算法对一些特定项目进行预算。高校在预算编制过程中,除了要确保所编制教育经费支出内容与国家相关法律政策相符外,还确保开支标准核定预算额度也符合当前政策。而零基预算法则主要应用于根据未来工作任务而发生的预算项目,需格外关注的是,高校应将以前年度项目费用排除在外,将"零"设为未来经费支出的起点,在不脱离实际的情况下对费用的合理性、费用的金额是否超标等进行综合考察。

第二,积极构建相应的预算控制体系。高校在执行相关预算活动时,应以动态形式监督并控制预算整体执行情况,通过这种全方位的监控避免发生不良预算现象,如预算超支,形成对经费使用水平的合理化控制。同时,在执行预算决策过程中需坚持弹性化原则,一旦预算与实际严重不符时,为确保高校教学工作的正常开展,可在有根据的前提下,适当地调整相关预算内容,针对未获得批准的预算调整事项坚决不予以执行。

第三,积极开展预算绩效考核任务。在完成年度预算任务后,应在于会计核算情况相结合的基础上对相关预算执行报告进行及时编制,综合考核各个部门预算执行效果,并加快完成对相关奖惩制度的构建,严格做到奖惩分明。

第五章

高校财务管理的创新发展

随着时代的发展，我国高校的财务管理理论与实践方式正面临着飞速的进步与提升。全国的高校财务管理工作者不仅要对现有的管理制度进行改革，还要与新时代的新情况、新技术做有机结合，努力探索属于新时代背景的全新理论方向。本章将目光放在未来，重点探讨我国高校财务管理工作的发展方向和建设方法，努力为我国高校的财务管理工作拓宽理论边界。

第一节 高校财务管理创新的必要性

一、高校财务管理创新的根本需求

（一）财务管理创新是高校自身发展的需求

高校财务管理创新是高校创新中重要的组成部分，从高校的审计监督、财务检查、财务收支状况的检查等方面进行高校的监督和管理总结分析，可以发现和找出高校财务管理上存在的长久未能解决的严重问题。这些问题从不同的方面暴露出高校财务管理上的漏洞，下面就从九个方面具体探讨一些高校财务管理方面的问题所在。

第一，高校在进行财务管理时会涉及很多重大的经济决策。这些重大的经济决策会影响到高校的运行和管理，所以高校的财务决策非常关键，可是高校在进行财务决策时往往缺乏科学性和规范性，也就是说，高校的财务管理不科学，在进行重大资金的使用时，高校并没有进行有效的管控，最好的方式就是高校大额资金使用在科学论证的基础上进行集体决策，这样有利于高校各项支出的科学性，也是众人集思广益，为高校的良性发展保驾护航。

第二，高校的财务管理缺乏完善的体制支撑。在高校财务管理和运行的同时，有些高校甚至都没有建立校、院两级的财务管理制度。从科学的角度分析，高校建立校、院两级的财务管理体制有利于进行财务方面的划分，也是财务管理清晰、明了的有效手段。在遇见问题和需要沟通协调时，财务管理的领导层在责任划分和权责归属的问题上不会产生分歧，也是财务活动可以顺利进行的保障。没有一个清晰完善的财务管理制度的支撑，就使得高校财务管理在进行经济规划、经济往来、经济制度制定方面出现互相推诿、互相扯皮的现象，这就使财务活动不能顺利运行，阻碍了财务绩效的持续增长。

第三，高校会有一些违规从事投资、融资的活动，这些活动是有风险的，有时候这些风险责任还很高，高校在使用贷款时没有形成规范、正确的途径和责任划分，这就使得高校在进行风险投资时承担了很多风险，这些风险就是由于没有对风险投资做出科学的管理造成的。如果这些风险是校企共同进行的，那么就会在学校和企业之间存在产权问题、职责划分问题、亏损承担问题等，这些都是由于高校没有进行合理的风险规避所造成的。

第四，高校预算编制不清，预算不完善、不到位，甚至高校部门预算与校内预算相分离的现象时而发生。高校财务预算不全面，而且有一部分的财务收支未纳入财务预算之中，这就导致部分资金游离在预算的控制之外，不受控的财务状况是非常危险的，在预算执行的过程中许多环节需要进行合理的规划，这种计划的制订是不可避免的，也是非常有必要的，但是由于高校的预算编制不清，预算的制度制定不合理导致计划的财务预算的水平和真实的财务预算的水平不同，不能正确地反映高校财务状况，久而久之，导致财务状况恶化，财务预算执行困难。

第五，高校财务管理责任和科研经费的使用违规操作，许多高校在科研经费的管理方面存在很多职权上的问题，这就是说学校、学院、课题组之间缺乏正确的管制职责划分，在责任的归属问题上有待商榷。高校在划拨经费上还存在手续不健全、缺乏监督等问题。一些高校在进行不合理的票据支出和套现方面还没有建立严格的审查制度，对于违纪的科研经费的使用上高校财务管理还存在很大的漏洞，这使得高校科研经费不能规范、合理地使用，也就造成了高校财务资源的浪费。

第六，高校的资产使用存在不规范的问题，这种资金管理不完善会导致资产使用效率较低的问题。在很多高校中都存在资产管理和财务预算管理相互脱离的现象。在学校财务管理中，会造成资产的重复购置，这就是一种资产上的浪费，而且重复购置导致的就是资产闲置，有些学校缺乏科学的采购计划，在进行采购时往往不按照政府的相关规则和制度进行，固定资产的购置存在超标准、重复配置现象，这种违规的操作导致高校的资产管理混乱，另一方面，高校在进行非经营性资产转经营性资产方面也存在违规操作，这些情况都是缺乏监督引起的，在进行严格的财务审查时就会暴露出问题。

第七，高校的财务收支情况管理不当，高校在进行各项收费时没有进行科学合理的制度制定，就会导致高校在收费方面常常超标准收费和超范围收费，这些不应该发生的现象屡禁不止，也是财务收支管理上较严重的管理漏洞，一些高校在公款的收支上做手脚，导致高校公款私存，甚至恶意地套取预算资金，造成支出虚增。

第八，高校在建设项目立项上缺乏系统性、科学性论证，如果这样的项目实施必然造成财力的浪费，无法实现预期的效果。项目建设的不切实际，脱离现实就会导致建设项目管理和财务管理上的脱节，这种管理情况和现实情况"两张皮"的现象就是高校财务管理中很严重的问题。

第九，高校在对自身偿还能力没有正确认识的情况下大额举债，这种筹资活动风险巨大，最终的结果也是高校本身来承担沉重的经济压力，在进行外债偿还时就会将其中的隐患暴露出来，这种不考虑自身经济实力也不考虑自身的财务能力进行的盲目借贷就是导致高校财务运行困难的主要原因。

以上九种问题都是经常遇到的财务问题，对高校的财务管理也造成了很严重的影响，对高校的健康发展和财务秩序的顺利进行都是一种阻碍，对高校的财务资金流动和财务资金的合理运用也会造成不必要的负担。这就要求我国的高校在进行财务管理方面进行创新管理，对财务管理的体制和运行机制进行改革，通过一系列行之有效的方式来促进高校财务水平的整体提高，为财务行为和财务运作提供制度保障。

(二)高校财务管理创新是高校教育发展的需求

我国的高校教育在和国际进行接轨，逐步推进高校教育的国际化进程，这也是经济全球化的使命，对于我国改革开放之后带来的新的机遇，国际大环境作用下，我国的高校教育需要进行改革，在诸多的问题当中高校财务问题是制约高校发展的一个重要方面，这就要求高校要加强财务方面的管理力度，开展科学、有效的财务管理活动。高校人才的培养、科学研究水平的提高、社会服务质量的提高，确保这些工作的有效开展是高校财务管理的重点。在市场经济发展的过程中高校财务管理越来越突显其重要性，也是高校教育管理中的核心问题。1999年我国高校开始实行扩招政策，旨在提高人们的教育水平和为社会提供更多的人才，高校教育的入学率也由那一年开始有了很大的提升。随着高校教育的不断发展，高校的教育已经从精英教育转向大众化教育，这也是社会进步，为了满足时代的要求，高校教育的扩大化成了向社会输出人才的重要手段，也正是高校的扩招使得社会有了更多的竞争和发展的空间，同时也是人才的重要提升途径，在满足社会对人才的需求时，高校满足了广大的人民群众接受高校教育的需求，对于我国的经济、军事、科技等方面的发展提供高学历人才。在人才培养和人才强国的政策支持下，政府和社会也都加大了对高校教育的各方面的投入，尤其是在经济补贴和财政支出上，政府为了高校可以正常运行下去，给予了很多帮助，在缓解高校扩招造成的巨大的财政负担方面，政府帮助高校进行资金周转、投入财政支持和补贴，在政府和社会的帮助下，高校的办学规模不断扩大。其间也会存在一些问题，目前我国的财政投入不能完全覆盖所有的高校，也就是说高校要想发展和持续增长，就必须要寻求其他的经济来源，高校在办学经费方面不能完全依靠政府的投入，这些问题一直存在于高校的发展过程中，造成高校财务负担的主要原因有三个方面：第一，政府和社会的投资力度不够；第二，高校没有充分利用各种办学资源，包括人力资源、土地资源、社会资源、师生资源等；第三，经费收支结构不合理，存在资金浪费和低效投资。这些问题需要进行多方面的改革，从不同的角度入手解决这些普遍存在的问题。采取的解决问题的手段也是多种多样的，例如，高校可以拓宽办学经费的渠道，优化办学资源的配置，调整财政支出和科学划分财政资源的使用，节约财政的支出等，这些办学资源的合理运用和高校办学手段的科学化管理能使高校资金紧张的困难有所缓解。

二、高校财务管理创新的理论方向

（一）加强高校财务管理意识培养

高校教育在逐步发展，高校的办学规模也随着扩张，办学条件有所提高，学校教职工的工资水平也得到了提升，高校的经费运作和使用上也会存在一些困难，这就需要高校向金融机构进行融资以确保自身的资金需求得到满足。高校的融资方式有很多，这些融资的手段、水平和途径都需要进行各个方面的审核。高校的发展伴随着新的问题的出现，这种发展中的必然现象其中就包括高校的财务管理问题的出现。在传统高校的财务管理方面，经费的产生和使用方式的变革都

▶ 高校财务管理与绩效评价研究

没有如今这么多的问题，为此，高校应该从多种途径上进行财务管理的革新，加强高校的资金管理意识，在这里就需要我们关注资金成本的管理方式，使高校的财务管理水平能够更上一个台阶。

(二)加强高校财务管理观念创新

对于高校的财务管理状况我们要从改革财务管理的观念入手，对于传统的财务管理的理念和思想要进行更新，通过对创新型的财务管理的环境和管理的模式进行与时俱进的改革就可以有助于我们开展切实可行的财务管理的活动。高校教育的最终目的是向社会输送所需要的人才，为社会主义的现代化建设服务，所以高校要通过对资金的管理、人员的管理、制度的管理等方面进行资本观念的转换，要从根本上认识到人才的重要意义，加强对人力资源方面的管理，这也是一种对于人才的合理利用，是在人力资源方面进行的科学核算和资源整合。目前高校的财务管理存在不少问题，如在经费的长期投资和循环使用方面投入力度不足，投资收益和效果不明显，这些都是高校财务实践过程当中普遍存在的问题。对于高校的收支结构和资源的利用情况也是财务管理中常见的一个问题。高校支出结构要进行合理的规划和设计，使得财务资源要科学地利用，不造成浪费。高校可以通过加强成本核算的力度来对财务管理的部门进行管理，使财务管理部门的工作人员可以树立起良好的经济效益的观念，对高校各项经费的支出要有合理的规划，以免造成财务资金上的浪费。在高校的财务管理中要充分发挥人的主观能动性，学校的教职工是为学生提供各项服务的，财务人员要树立正确的服务观念，才可以更好地帮助学生，才可以提高服务质量，这也有利于高校建立起良好的财务管理环境。高校也是一个健全、完整的经济责任体制，在高校财务管理的各个环节上都要落实经济责任的制度，通过这种途径可以更好地提高高校的财务管理水平，也是高校财务管理能够跟上高校的发展速度，与时俱进的表现。

(三)加强高校财务管理技术创新

我国高校曾经的记账方式是收付记账式，现在已经升级更新为了复式记账法。这种记账方式的转变就是体现了高校的核算体系的变化。高校的会计业务也从简单的反应式的财务业务转变为了多功能发展的财务业务，这种转变主要体现在财务预算、财务控制、财务分析等方面上。这种财务管理方式和财务管理技术水平的升级就是要求现代财务人员要具备财务数据的提炼和相应的财务软件的使用能力。财务方面的软件如今使用最多也最普遍的是电子财务系统，例如会计电算化的应用，对于财务管理人员来说，这是最基本也是最重要的财务软件，因此现代的高校财务管理技术要求必须进行全面学习，跟上时代发展，学会熟练使用现代化的财务管理软件。

如今是信息大爆炸的时代，在这种到处充满信息技术的今天，高校的财务管理工作也随着信息技术的提高而获得了提升，发展高校财务管理的信息化已经成了这个时代进步的要求。高校的财务管理信息化就是要求高校的管理部门通过各种信息技术手段在财务管理工作当中的各个环节进行资源整合、汇总和优化，利用信息技术从而实现学校内部的资源共享，通过技术创新和先进的技术管理理念对高校财务管理进行合理化建设，可以实现财务管理工作的优化，是提高工作效率的最好方式。由于信息技术的发展，数字化的校园建设已经成了热门的讨论话题，高校的财务管理也要提升数字化运营实力，这也是高校进行科学先进的数字化建设的重要组成部分，可以有效提高高校的管理水平，同样也是高校进行全面、综合、协调、可持续发展的主要体现。网络时代的飞速发展为现代高校的发展带来了巨大的发展机遇，同时也使其面临前所未有的挑战。从高校财务管理的角度谈其中的发展机遇和挑战，就是要厘清网络信息化建设对于财务管理的重要影响，在校园网络全覆盖的基础上设置高校财务管理的网上办公和网上进度查询等具体的财务功能，是对实现高校财务管理高效化、财务技术更新的重要体现，也是对高校进行管理机制、管理观念、管理方式等工作的革新。

(四)加强高校财务制度创新

高校财务管理中要注重财务制度的制定，制度的创新是财务管理创新中重要的组成部分，在现代的社会发展过程中，金融形势发生了非常大的变化，财务制度对高校的财务管理可以说是起着提纲挈领的作用。金融时代中的未来世界需要进行财务信息化、网络化、全球化的管理。在建立全球化的财务管理理念过程中要结合高校自身发展的实际情况，例如在全球范围内进行筹资、融资，对财务进行有效投资和合理分配。我国的高校要积极主动地和世界接轨，在参与国际竞争的同时要改革内部财务制度，使高校内部的财务运行得到合理规划和运用，这种创新型的高校财务制度的建立有助于高校参与国际激烈的竞争，是高校自身优势的体现。高校通过对财务制度上的创新,可以保证高校财务工作有法可依,是高校财务工作中重要的变革措施,高校财务的创新还可以保证高校健全财务制度,对高校的财务管理进行查漏补缺,是适应高校教育发展水平的需要,这种制度上的创新可以保证财务管理的有效性、原则性和灵活性。

(五)加强高校财务人员素质培养

过去我国人才储备不足,在高校财务管理方面更是缺乏高素质的优秀人才,财务人员的选拔和录用也是只关注政治素质修养和职业道德修养,这种良莠不齐的财务人员使得财务管理的水平受限。但是随着高校规模的扩大和财务业务范围的扩大,在新的社会形势下对财务人员的要求也有所提升,过去的人才选拔观念也要跟进时代的发展,对于加强高校财务人员的素质管理也是一种新的要求。下面就新时代高校财务人员的素质进行详细的阐述。

第一,增强财务工作者的技术能力。网络技术的飞速发展使得财务工作也成了电子办公化,对于过去的算盘、计算器、账本等传统模式进行改革创新,电子化和网络化普及使得财务办公由手动记账转为电脑记账,也从有纸化办公转变为了无纸化办公,这种财务办公软件的使用使得财务管理工作效率得到了很大的提高,财务日常的工作也更加便利,同时财务管理更加透明化,这也是财务一体化办公的最佳工作方案。技术的进步带来的是工作中的便利,对于财务工作者也是一种更高的要求,财务人员需要加强自身的全面发展,在不断学习和充实自我中得到提高,才能适应和满足当代财务管理工作的需求。财务工作者要不断进行业务知识的学习,更新自身的知识储备,适应现代化的办公方式,熟练掌握和运用计算机技术和网络技术,只有不断努力,提升自身的知识文化水平,才能提升自身的工作能力,也是高校财务人员素质培养当中重要的一个方面,高校的财务人员通过全面发展才可以适应时代的要求,才不会被时代淘汰。

第二,增强财务工作者的决策和管理能力。高校财务管理重点工作发生了非常大的变化,这是时代进步的体现,在以往的账目记载、现金款项等基础性的工作外还要进行高校管理的一些工作,这些工作都是和资金流动、业务往来有很大关系的,是与财务有着密切关联的高校核心管理工作。财务管理的重要性和地位随着管理工作的全面开展而越来越受到重视。在一些重大的财务决策的制定和财务管理制度的建立过程当中,财务管理对于高校的发展和运作起着决定性的作用。财务管理影响高校的管理和发展的表现主要体现在高校的科研水平、教育质量、科技成果、师资储备等方面。这些方面都可以说是制约和影响高校发展的重要因素。因此在高校管理当中如何提高财务管理者的决策能力,如何提高高校自身的财务管理的水平都是影响高校发展的关键点。在科学技术水平日益提高的今天,要进行高校财务管理上的改革,就是要高校的财务工作者转变管理思想,站在高校领导者的角度进行规划和决策,摆脱陈旧落后的财务管理思想,用发展的眼光看待财务管理当中存在的迫在眉睫的问题,树立长远的理想,具备广阔的视野,可以高屋建瓴般地总结和解决困难。对于加强财务人员的能力培养和业务素质方面要不断进行改革创新,通过各种有效的渠道来提高财务工作者的水平。

第三,增强财务工作者的知识储备。社会在不断进步和发展中,新的行业和新的产业也不断涌现,这都是社会的经济结构发生了变化而带来的影响。传统的行业要想取得发展就需要进行自身的调整,跟随时代的步伐进行创新和改革。在这样的时代背景下财务管理变得更加具体和便捷,能够为现代财务管理工作提供改革和发展的契机,通过自身的努力和科学技术的利用,如今的财务管理已经摆脱了传统老旧的记账方式,对于财务管理和财务工作等方面也要进行持续的创新,要求财务管理的工作者具备相应的知识和技能。财务管理工作者要认清当今社会的发展形势,通过不断学习和努力,掌握新知识、新技能,开阔视野,提高自身知识储备。具体来说,高校财务管理当中的财务核算管理就是一种更新和变革,对于过去的财务核算的规则和方法要进行科学系统的学习,并且将这种学习应用于实际的财务核算当中去,可以通过电子化的运算方式,即节约了办公时间而且还不容易出错,对于如今的繁重的核算工作来说是一种科学有效的管理方式,值得推崇,也值得财务工作者进行深度学习。财务管理者要充分发挥自身的财务管理能动性,针对工作中好方法和创新之处要积极把握,并且大力引入,这也是普及财务知识,增加财务工作者知识储备最佳的方式。

第二节 高校财务的供给侧改革

《国家中长期教育改革和发展规划纲要(2010—2020)》指出,我国教育还不完全适应国家经济社会发展和人民群众接受良好教育的要求。由于我国的现代化高校教育起步较晚,在高校教育的质量和等级上还是与发达国家存在差距,因此有些家庭条件优越的家长就会选择送孩子出国接受高校教育,甚至在国外的大学攻读硕士、博士,这就表示我国的高校教育的水平和质量有待提高,因此,我们有必要对高校教育开展供给方面的侧面改革(以下简称供给侧改革),以期能够提高我国高校教育的水平,满足人们日益增长的对高等科学知识的追求。

一、供给侧改革概述

(一)中央提出"供给侧结构性改革"问题

2015年11月10日,在中央财经领导小组会议上习近平同志正式提出了关于供给侧结构的改革问题。同年11月18日,在APEC会议上习近平同志又重申了供给侧结构性的改革,其主要中心思想就是要进行世界经济方面的深层次探讨,针对经济结构性的改革要采取一系列的措施,例如进行货币刺激政策的实施,使得供给体系可以适应供需结构的改变。2015年12月22日,中央经济工作会议上重点讨论了供给侧结构性改革的问题。《中央经济工作会议(2016)》重点指出,要形成新的改革发展的理念,与时俱进,将供给侧结构性的改革作为主题,制定相应的政策支持,引导经济朝着高质量、高效率、公平、可持续发展的方向进行,这也是引导我国进行经济建设持续良好、健康发展的有效途径。2015年11月18日,中央财经领导小组办公室的副主任杨伟民同志在财经年会上曾提出了中央"十三五"规划建议的本质就是要进行供给侧结构的改革性问题。

简言之,中国经济的结构性分化正趋于明显。为适应这种变化,在正视传统的需求管理还有一定优化提升空间的同时,迫切需要改善供给侧环境、优化供给侧机制,通过改革制度供给,大力激发微观经济主体活力,增强我国经济长期稳定发展的新动力。

(二)供给侧改革的内涵

1. 为什么要提出供给侧改革

中新网的记者曾经报道我国关于供给侧改革的相关政策,在中央财经领导小组进行的会议上习近平同志就加强供给侧结构的改革问题进行了深入分析,为了促进经济的稳定、高速增长,对中国的经济实行供给侧结构的改革是现如今工作中的重点。美国也曾关注中国的经济政策和经济发展动向，供给侧结构的改革也被美国的报纸所报道。中国经济供给侧改革这一命题的提出就是要求改革要面向现代化的经济走势，解放生产力，鼓励和促进经济上的良性竞争，要从供给和生产方面入手，对于那些落后的产能要进行淘汰，对企业当中的"蛀虫"进行清理。将发展的方向和动力依附在新兴企业、创新领域方面。就拿苹果手机在中国的热销这一典型例子来说，中国对于高科技产品和对新鲜事物的追求促成了美国苹果手机的热销，这就给了我们很好的发展契机，中国的国产手机也纷纷跟进生产，并且不断创新，在价格、性能、使用寿命、便捷程度方面我国的国产手机也齐头并进，比、拼、赶、超的政策制定使得中国的国产手机可以转变市场行情，令中国的消费者有了更多选择的同时也使得手机行业更加合理、科学、智能、新潮，国产手机也逐渐地受到了消费者的青睐，甚至远销世界各地。中国国产品牌的崛起和人们对于日常生活用品的需求紧密相关，在同样质量的商品上，人们购买国货的热情已经不像从前那样受到国外品牌的干扰，人们更喜欢性价比高、物美价廉的国产品牌。这些成绩的取得、人们思想观念的转变都要归功于供给侧结构性改革。正是我国制定了符合国计民生的实打实落地的方针政策，才使得人们不再愿意花费高昂的费用购买进口商品，人们更倾向于使用国产的商品，这也是支持国货、爱国的表现。

2. 供给侧结构性改革的根本目的

供给侧结构性改革的目的是满足人们日益增长的物质需求，为了加深供给侧结构的改革成效，一定要从根本上采取措施，针对市场的变化情况和当地的实际消费能力、消费水平进行供给质量上的提高。在改革的过程中我们要深入地研究、分析市场行情和经济活动的走向，理解人们的真正生活需求和物质文化方面的需要。对于供给的策略要进行合理的规范，保障供给的有效性，针对无效的供给和浪费行为给予制止，改革供给过程和步骤，对供给节奏的把握也要考察当地的实际情况进行针对性的方针的制定。在深化供给侧结构性的改革之后，要对市场进行合理的资源配置，建立健全的经济制度，打破传统的思想壁垒，反对经济垄断，健全市场的运行机制，正确引导资源的优化配置。

3. 供给侧结构性改革的本质

搞好供给侧结构性的改革就是要先弄清楚供给侧结构性改革的本质，对于这样一场经济层面上的革命，就是要我们端正态度，想方设法地进行经济结构的调整，提高供给的质量和水平，营造内生动力，创建适合改革的内外部经济环境。将供给侧结构进行全面、深入的改革，就是要坚定改革的信心，树立正确的变革观念，从提高我国的整体经济实力出发，制定正确的方针政策，充分发挥经济制度带来的优势。

供给侧结构的改革和需求侧结构的改革是相辅相成、相互依存的关系。供给侧结构的改革更倾向于对多年积累的问题的一种综合的矫正，也是对生产要素的更深层次的挖掘，可以使生产要素得到充分利用，供给侧结构的改革和需求侧结构的改革都是要在发展中达到更高的层次和水平，这两者也是要在发展中获得平衡和相互促进。

4. 中国特色的供给侧改革理论的基本点

第一，从马克思主义唯物论的观念出发，对中国特色的供给侧改革提供经济理论性的指导，借鉴国外发达国家的经济建设理论，依据供给和需求两者之间的关系，进行经验教训总结，并且制定符合我国发展的经济体制。在中国特色社会主义建设的前提下进行经济理论与实践上的创新，科技引领生活，带动经济发展，通过对社会各个层面进行制度、科学、文化等的创新，鼓励针对中国当前国情进行经济供给侧改革提出合理化建议，不断完善中国特色的供给侧改革的理论。

第二，从经济学理论基础上看待供给和需求的关系。供给和需求不是绝对的一成不变。供不应求或者是供过于求都是在一定的经济环境下发生的。在供求关系中我们要认识到其是一种动态的平衡的过程。在供给和需求两者之间一定要建立起一种平衡，就是我们的杠杆原理，从辩证统一的思维方式上看待供求关系。供给侧改革就是在供不应求或供过于求的一种不平衡状态下进行的合理改革，目的是建立一种正常的经济秩序，使供给和需求能够平衡和谐，对于供求关系中的无效、低端的供给要避免和减少，对有效、高端的供给给予支持和扩大，要增加供给关系当中的灵活性和适应性，使得供给和需求向着健康、合理、平衡的方向发展。

第三，供给侧结构的改革就是要达到提高供给质量的目的。供给质量提高了才可以满足生产的需要，满足人民对于日益增长的物质的需求。在进行思想观念、管理方式、政策制定、效率提高等方面改革上要考虑供给结构和需求结构的适应性关系，全面谋划，合理分配，稳定布局，达到最终提高供给质量的目的。

第四，供给侧结构的改革就是要达到可持续发展的目的，在进行制度制定和政策支持上一定要面对实际，具体问题具体分析，合理把控，人性化地管理，对于改革中遇到的问题和决定问题的方式一定要灵活，创新改革手段，对改革中的问题要认真对待，认清改革的目标，明晰最终要达到的目的，进行可持续发展性的规划。

第五，供给侧改革要关注大众的需求。其需求可以从三个方面进行分析。其一，供给侧改革是建立在需求的基础上进行的，就是要适当地扩大需求，通过需求带动改革，对于新的需求要进行积极面对，鼓励大众对需求的认可。其二，供给侧改革就是要供给和需求进行同时改革，对于需求和供给两手都要抓，并且能够通过改革达到供给和需求的一种动态平衡。其三，供给和需求需要提倡创新精神的融入，也是对人们日益提高的生活水平的一种反映，创造新的供给和需求关系，健全供给和需求的改革方案。

第六，在供给侧结构改革的过程中要结合中国的国情和实际生产情况。中国地大物博，在众多的地区有着不平衡的经济发展情况，因此在进行改革时一定注重当地的经济分配，根据当地人们的生活状态，对不同的时间节点不同的产业分配等实际情况进行经济主要矛盾的分析，抓住重点，在供给侧改革和需求侧改革的过程中分清主次，确定两者之间的关系，要以动态、发展的眼光看待改革中的问题，要结合中国的经济特色，建设理论与实践相结合的改革活动，制定符合中国国情的供给侧改革的理论制度。

第七，正确处理政府和市场之间的管理关系，使政府的制度建立和市场的协调配合相一致，经济体制的改革要全面进行，其核心问题就是要处理好政府和市场这两只把握经济方向的手的配合。在政府的职责范围内要进行宏观的经济调控，加强社会公共服务，保证经济秩序正常运行，还要维护好市场的良性运作，保证公平正义，市场机制就是比较被动，在政府的参与管理下市场能够更好地发挥自身的经济管理作用，充分发挥市场的经济运行模式，健全市场经济的资源配置方式，弥补市场管理当中的漏洞。

二、高校教育供给侧改革的主要内容

2015年中央经济工作会议指出："结构性改革主要是抓好去产能、去库存、去杠杆、降成本、补短板五大任务。"[①]高校教育当中存在的经济活动会出现"三去一降一补"的现象，由于高校教育不同于经济部门，其"三去两降一补"就可以解释为去行政化、去编制、去产能、降失业率、降成本、补短板。

（一）去行政化

1. 去行政化的内涵

我国在全面深化改革方面制定了明确的方针政策。在事业单位的改革方向上，要加大政府的公共服务力度，推动公办事业和主管部门去行政化，逐步取消学校、科研院校、医院等事业单位的行政级别，进行事业单位法人代理管理制度。这种政策上的支持就是要明确改革的方向，针对去行政化就是要将事业单位进行内部管理结构上的变革，将去行政化作为一种事业单位改革的有效措施，首先就是要求我们对于事业单位进行分类，具体的划分可以有利于事业单位内部的管理，也是对于"编制"这个一直困扰的问题的一种解决方式。

去行政化就是要逐渐取消事业单位的行政级别。高校的行政化主要可以从两个方面进行讨论。第一，高校的管理是在政府的督导下进行的，这也就是政府对学校有着行政化的管理的权力。第二，学校内部也有自己的行政化的管理方式。在20世纪90年代时政府就曾经做出过相应的解释，在政府和学校的关系层面上，要建立政事分开的管理制度，明确高校的权利和义务，促进和鼓励高校自主办学，使高校成为面向社会的法人实体。政府在针对高校的管理上要简政放权，转变职能，通过对学校的宏观把握进行调控管理，将管理的具体实施交由学校独立完成。

2010年之后，政府针对高校的管理进行改革，主要体现在去行政化方面，这也是政府在高校管理方面简政放权的最好体现。对高校的行政审批过程和权力都进行了下放，积极推动高等学校章程的制定。

正确对待高校和政府之间的关系，明确高校和政府各自的职责，立法能够分清高校和政府之间的管理权力边界，规范政府的行政管理权限，对学校要进行宏观管理，学校要履行高等学校章程，积极主动地开展高校内部的各项管理工作。

高校的去行政化就是为了提高高校的治理水平，划分清楚政府和高校的管理

---

① 贾康. 三去一降一补侧重供给管理[J]. 经济，2016.

范围，政府不是完全放手，高校也不能取消全部的行政管理，而是要通过去行政化的方式针对高校进行科学、高效、良好的行政管理，是为了给科研、创新服务提供一个更宽松的发展空间。

2. 去行政化与供给侧结构性改革的关系

学校要积极主动地发挥自身的主观能动性，这就需要学校首先要有非常强烈的责任心，以学校为主体进行的经济建设就需要学校进行自我检查、自我监督、自我约束。我国的《高等教育法》中明确了高校拥有办学自主权，高等学校章程也明文规定了办学自主。行政化的缺点是影响了高等教育适应社会、适应市场的需求，也限制了高校适应高等教育发展的积极主动性，对于高等教育来说，行政化是一种政策管理上的束缚，因此我们要对高校的管理进行去行政化的处理，同时也是经济供给侧改革的需要。去行政化就是要将政府、高校当中无关紧要的、低端、落后、无效的行政供给关系进行一场深刻的变革，对于具有巨大科研潜能的项目给予重点关注和支持，释放高校教学管理的职能，加强高校的自主管理水平，随着市场、社会、人们需求的变化而采取相应灵活的变化，保证科研的创新精神和勇于探索的实践行动，满足社会对于高端人才的需求。

（二）去编制

去编制的主要工作有以下五个方面：

第一，高校仍然属于事业单位，分类为"公益二类事业单位"。

第二，实施机构编制备案。高校要根据自身的发展情况进行自主招聘，只需要向上级主管部门进行报送备案就可以了。这样就可以减少审批流程，将审批和备案进行了结合。

第三，以2012年作为时间节点，针对之前的编内人员进行统计，随着时间的推移，编制的名额会随着人员的退休和减少而变动，新招聘的工作人员不再发放编制名额，这种行为可以持续一段时间，就会逐步取消事业单位的编制管理，最终达到全体人员的合同制。

第四，允许高校设置流动岗位，这样可以有效地吸引社会上的高等科技人才进行兼职授课，吸引具有实践经验的企业家和科学家前来学校传授经验。

第五，高校的预算管理代替编制管理。这种改革的优势在于资金可以充分利用，并且能够改变现有的资金管理模式，建立绩效为标准的经济导向，为了满足社会服务的需求和科学成果的转换，将绩效考核和收入结合，这样可以使高校的资金得到最大限度的使用，也是学校自主管理的体现。

(三)去产能

面对我国高校教育资源不足、高校优质学生生源不足的情况，需要对高校进行教育供给结构性侧改革，这也是为了提高高校教育的教学质量，使我国的高校教育并不单单停留在劳务输出的程度上。积极面对高校发展中存在的问题就是要从高校教育的质量抓起，针对学生进行个性培养和多元化的发展，高校要积极改进，主动改革，争取办一所有特色的高等学府。高校的供给侧结构性改革就是要针对市场需求、人才供需等方面进行深入的探索，提高高校教育的整体实力，解决人才供需方面的无效供给和低端输出，解决人才供需结构方面的产能过剩问题，实现人们满意的教育目标。

(四)降失业率

大学毕业生就业率低的原因可以从三个方面进行考虑：第一，经济原因导致的经济结构不平衡，就业岗位不足；第二，教育原因，教育结构不合理，与社会需求脱节，高校毕业生成了低端供给和无效供给；第三，学生本身的问题，对自身和社会发展水平存在不切实际的幻想，择业观出现严重的偏差，最终导致就业难，就业率低。

党和政府十分重视大学生的就业问题，国务院提出"就业质量"的要求。2014年5月9日，《国务院办公厅关于做好2014年全国普通高等学校毕业生就业创业工作的通知》(国办发〔2014〕22号)规定："各高校自2014年起要发布高校毕业生就业质量年度报告。"我们呼吁精准就业，提高就业质量。

(五)降成本

随着高校教育的普及，我们要特别关注高校教育的质量和水平问题。不能在追求数量的同时牺牲质量，也就是说要做到培养优质人才，满足社会的所需，对于高校的课程设置和学生管理方面，高校要特别注意，加强管理，严格要求，对于不良的行为要及时制止。高校要供给优质教育资源，必须在提高高校教育质量上狠下功夫。提高高校教育质量就是减少低端和无效的教育产能。低端和无效的教育产能不仅浪费了当年教育投入(财政拨款和学费等)的教育资源,而且浪费了高校教职员工的人力资源和校舍、设备等物力资源,还损坏了学校声誉等无形资产,因此,提高高校教育质量就是宏观上降低学校的培养成本。

(六)补短板

高校教育中存在数量和质量方面的矛盾问题。在数量和质量上,高校的教育质量就是短板,要进行质量上的提高;在公办和民办之间,民办高校是短板,需要加强管理和监督。

一方面是相当一批专业人才因非国民经济和社会发展的需要而待业,另一方面却有一批专业人才因国民经济和社会发展的急需而短缺。这反映了我国高校教育的产能是结构性过剩,学校要进行供给侧结构性改革就是要在适应经济建设和社会发展的基础上进行人民满意的教育,将关乎国计民生的教育问题摆在改革的重要位置,为了满足社会对于优质教育资源的需求,要进行积极主动的变革,这种变革就是以高校的供给侧结构性改革为出发点,准确研究经济型社会发展的需要和市场对人才的要求,从而提高教育质量。社会需要什么样的人才,高校就培养什么样的人才。对口招生,对口就业,主动进行专业设置和学生质量的提高,办人民满意的学校。这也是高校教育进行供给侧结构性改革,促进教育实力的提升,长期发展的重要任务和使命。

三、高校财务供给侧结构性改革的主要内容

(一)高校财务供给侧结构性改革需要有效的制度保障

习近平总书记指出:"以改革创新精神补齐制度短板。"《中央经济工作会议(2016)》指出:"既补发展短板也补制度短板。"乔春华教授认为,高校财务供给侧结构性改革需要的有效制度有:"教育投入法"的制定;将权责发生制综合财务报告制度引入《事业单位会计准则》和《高等学校会计制度》,实现高校财务会计与高校预算会计适度分离;将建立跨年度预算平衡机制引入《事业单位财务规则》和《高等学校财务制度》;将"预算执行效率"指标引入《事业单位财务规则》中的"事业单位财务分析指标";改革并完善高校收费制度;修订科研经费制度;建立与高校治理现代化相适应的财务管理体制等。

（二）公办高校财政拨款的供给侧结构性改革

乔春华教授对公办高校财政拨款的供给侧结构性改革进行了探索，他认为：鉴于公平性，不管是双一流大学还是高职院校，属于"基本支出"的财政生均拨款标准应相同；鉴于效率性，属于"项目支出"的财政拨款应体现差别；如双一流大学和学科专项经费拨款应多一些，"国家示范"和"国家骨干"高职院校专项经费拨款也应有所体现。

（三）公办高校学费的供给侧结构性改革

乔春华教授对公办高校学费的供给侧结构性改革进行了探索，他认为：鉴于公平性，同一专业的本科生学费标准在全国应该统一，即学费标准确定应以全国作为区域单位，以省、自治区、直辖市作为区域单位确定学费标准的做法是有失公平的，因为经济发达的省份有贫困县乡，经济不发达的省份也有富裕县乡；经济发达省份的考生去经济不发达省份求学按照入学地学费标准交费，而经济不发达省份的考生去经济发达省份求学按照入学地学费标准交费，这种制度本身就存在不公平。鉴于效率性，高校学费标准应考虑高校与学科的排名、受高校教育的层次等差别性因素。乔春华教授建议高校学费在实行全国统一收费标准的基础上，同时实行高收费高资助的政策，提高家庭经济困难学生的资助比例和奖助学金的资助范围与额度，对脱贫后家庭经济困难学生的资助体系也进行了探索。

第三节　高校财务的信息化管理

随着信息技术的不断普及与应用，高校财务管理工作也面临着改革与创新。一方面，高校财务管理工作系统要实现全面信息化，将先进的信息网络技术应用到其中；另一方面，财务管理工作人员要转变思维模式，适应信息时代财务运作的新模式与新方法，以不断提升高校财务管理工作效率，在一定程度上缓解高校面临的财务困境问题。

一、高校财务信息化管理概况

21世纪以来，信息技术取得了飞速发展，成为推动社会经济发展的强劲推动力。为了适应当前社会经济信息化的发展，高校财务管理人员要全面准确地认识信息化给校内及校外形势所带来的变化，以此来不断提升财务工作的效率。

高校财务管理工作得以更加高效地展开，催生了网络财务的诞生，实现了财务与业务的协同，在一定程度上实现了节约资源的目的。所以，高校财务管理人员应该紧跟当下网络环境最新形势，创新财务管理理念，实现财务工作信息的网络化，强化信息与信息之间的交流机制，实现部门与部门之间的信息共享，最终为高校提供全面的战略信息和财务报告。

（一）当前财务运作模式存在的问题

当下实现高校财务管理工作的创新与改革，最重要的一点是要实现信息技术的创新与发展。也就是说，高校要不断改革与创新财务信息的搜集、整理、加工、传递、存储、检索相关的技术与方法，创新与改革计算机技术、网络技术、通信技术等。目前我国大部分高校忽视了对软件运行过程的维护与升级，不注重软件的更新速度，以致在一定程度上阻碍了高校财务工作的高效运行。除此之外，网络化程度较低等现实问题，都给当前高校的财务管理工作造成了不便，因此应该不断推进高校财务管理工作的技术创新，以保障财务管理工作顺利高效地展开与运行。

1. 会计管理信息传递滞后

高校财务管理工作的传统运行模式是静态财务管理模式，管理者开展工作所参考的是上一会计期间的相关信息及资料。管理者不能及时地掌握高校中正在进行的财务业务与活动，会计信息的录入与完善具有延迟性，由此造成财务管理人员无法实时查看与确定高校各个部门的财务状况，当高校领导做出相关决策需要一定的财务信息作为参考时，传统的高校财务管理状况无法提供准确数据，因此当前高校资金的运作有所迟滞。并且下属二级院校因为会计信息的延迟，而无法顺利及时地开展校务工作，对高校管理、预算编制、执行、分析和宏观调控造成了一定的影响。

2. 会计信息结果反映失真

在高校传统财务运作模式中，算盘、纸张、计算器是较为常见的运算工具，工作人员需要通过手工操作逐步完成财务计量与核算工作。高校在开展招投标项目工作时，传统的财务操作模式因为时间、空间等的限制，不能准确、快速地为项目预算做出审核。除此之外，因为财务工作人员自身技术与水平的差异，在开展财务工作时可能导致财务工作流程不规范、财务科目设置不合理、财务信息有失准确等问题。

3. 会计信息掌握不全

高校的会计管理不够健全。首先，高校收费系统不完善，高校每年都招收学生，收费项目较多，收费金额相对较大。其中有些高校出于筹集资金的目的而增加收费项目或提前收取学杂费。这种乱收费现象在社会中引起了强烈的反响，给高校形象造成了一定的负面影响。其次，高校票据管理不完善。高校财务工作人员在处理票据时，票据的申购、入库、出库到收款开票存在一定的时间差，因此有时会出现票款不符的情况。再次，学生欠费查询系统、学生个人信用信息系统构建不完善。高校不能准确及时地了解学生欠费的动态情况，以及其毕业之后的去向等，因此给欠费的追缴工作带来一定困难。由此造成的另外一个问题是，欠费学生人数逐年增多，学生欠费总额越来越高，甚至在一定程度上影响了高校的财务运行工作。

4. 会计监督流于形式

在传统财务运作模式下，各高校的财务监督基本上是事后监督，会计的工作全靠手工方式完成，这样的工作繁重且容易出错，实物检查、账目核算、报表制作等各个阶段都需要耗费大量的人力、物力、时间成本。加上财务管理不规范，只要不是严重的违纪行为一般都不再加以追究，其问题和漏洞百出。

（二）高校财务管理信息化的意义

1. 增进高校管理效益

经济与教育之间存在着密切的联系。首先，经济在一定程度上制约着教育的发展；其次，教育在发展的同时推动着经济不断向前发展。我们可以建立一个完善的指标体系作为衡量高校整体状况的标准。高校管理的好坏可以通过财务提供一些数据来作为理论支撑，高校进行各项教学活动都可以通过详细、准确的财务信息进行展示，这就是高校财务管理的重要作用。提高高校财务管理人员的水平可以一定程度上提高高校的管理效益。

2. 支撑高校投资需求和资金量

与基础教育有所区别的一点是，高校教育中所要求的教学仪器更加精密，所花费的资金也更多，因此要筹办一所高校需要花费较多的资金，同时也要耗费较长的时间。为了使得教育资源实现优化配置，促进高校财务工作科学高效地运转，需要政府给予一定的行政拨款，而学校本身的事业基金和专用基金等自有资金结余，都继续将余额滚存结转至下年留用。

二、高校财务管理信息化技术与方法创新

下面从构建财务综合信息系统、财务信息查询系统、动态报告系统、信息风险控制系统和绩效评价与决策系统、云计算支持的财务管理系统六个方面，阐述高校财务管理信息化创新。

(一)构建财务综合信息系统

第一，构建财务管理和工作的现代化信息技术平台。伴随着网络的普及与发展，信息基础取得了突飞猛进的发展，这为高校财务管理工作的创新与改革提供了契机与条件。通过现代化信息技术高校财务人员进行科学化的技术管理，可以建立满足财务管理需求的信息平台，通过这种平台来推动高校的财务管理工作，也可以为高校的高效运行和决策提供参考依据。高校财务信息平台可以从对信息的处理开始，对会计、财务方面的信息进行分类、分级管理，对数据信息进行核对和筛查，保证信息的准确无误，然后再对财务信息进行加工、处理、分析、汇总、整合，形成报告、报表等直观的方式，为领导层做决策提供参考依据。①分类。对数据信息按照一定的标准进行分类。例如，根据数据的来源区域将信息分为校外与校内；根据数据的核算范围，将信息分为全局与局部；根据数据的录入频率，将信息分为日常与突发；根据数据的重要程度，将信息分为重要与一般等。②分级。财务管理人员在核对、确定财务信息的涉及部门、重要性及实效性之后，及时将相关信息送达相应的层级与部门，保证信息传达的合理性、准确性和及时性。③核对筛选。财务管理人员需要对初始数据进行检查与核对，将不准确、不正确、不全面的信息挑选出来做进一步的修正补充与完善，以保证最终财务信息的准确、正确与完整。④数据处理。数据只是"对特定的目的尚未做出评

价的事实"，财务工作需要对其做进一步整合与加工，最终才能产生对实际工作有用的信息。⑤分析。初始数据往往是庞杂而大量的，财务工作人员要根据数据使用的目的对其进行分析、总结，并且要使其得到正确的判别，为合理化建议的提出提供理论参考。

第二，要组建财务综合信息系统模块。会计核算系统是财务信息系统中的核心过程。我国财政体制改革持续加深，高校对资金的管理水平也需要不断提升。随着信息技术的不断发展与创新，高校将信息技术引入财务管理的过程中，保证财务人员输出信息的准确性与实用性。除此之外，财务管理工作也不能放松对资产管理、工资管理的重视，财务工作人员可以选择将师生关心的财务信息发布到相关的财务信息平台上，以便财务信息需求者更加方便与准确地了解财务信息。

第三，要进行前瞻性、全面化的财务信息管理平台的构建。当前，高校在推进会计网络化的过程中还存在许多问题，例如财务软件运行卡顿，无法与多种软件兼容，不能抵抗病毒的攻击等，这些问题使得高校财务人员在使用软件的过程中引发了许多问题。所以，我们要构建一个前瞻性、全面化的财务信息管理平台，加快会计信息的流通和传递。

（1）建立集中式财务管理体系。要实现财务信息核算的及时性，能够将某项经济活动开展期间的财务状况动态地反映在财务报表之中，能够实现财务人员网上办理收支事项等。

（2）协同处理财务与管理业务。财务管理人员要使高校财务工作实现物流、资金流、信息流与票据流的整合统一，能够实现财务信息在相关部门之间自由流通与分享。

（3）构建会计信息交流的有效空间。进行会计网络服务和网站的建设，在进行会计网络软件的开发上要实现国际交流，促进会计信息的自由流通，为各个国家进行会计方面的协调发展提供网络空间。

第四，通过现代电子信息技术实现高校财务管理的一体化建设。将高校的各个部门和不同的业务进行联系，最终提升财务信息在各级各部门之间的传递速度，高校内部的财务信息共享程度，使信息在部门与业务之间达到流畅交换。为了实现这一目标，高校需要做好以下几项工作：全面实施资金动态监控；实时采集财务数据信息；建立"一站式"单位报账平台；实现财务业务一体化；全面强化预算管理；及时更新财务会计报表，进行汇总分析，为领导层提供决策依据；支持远程办公,利用网络平台的便利优势,将各项资金流动的趋势进行网络化管理,形成流程、趋势图;支持各种网络支付方式,对财政拨款和网上银行业务网络实现自动对账、业务查询、业务办理等进行协同管理。

(二)构建财务信息查询系统

财务信息中有些部分是需要对外公开的,这种公开就可以通过网络平台来实现。财务信息查询系统要涵盖充足的财务信息与资源,保证查询人员能够在其中查询到所需的财务数据及信息,因此财务工作人员要保证财务信息体系的连通性,保证其能够自由顺畅地实现数据交换与传输。高校财务信息查询系统包括高校教育活动中所涉及的方方面面,例如,教职工工资、学生收费管理、各个部门的预算等。

(三)构建动态报告系统

高校财务管理当中引入动态财务信息管理系统有助于财务工作更加科学、准确地开展。高校在开展教育活动的过程中,伴随着经济活动的不断发生,各项财务核算管理工作也在持续进行。财务管理当中会不断出现新的财务信息资源,不过原始的财务数据仅仅可以用于初级的会计信息查询,高校领导者做出相关决策时,需要参考的财务数据是经过财务工作人员整合、计算之后所得出的相应财务指标,决策者需要将本期指标与往年指标或者参考指标进行对比,以衡量当前高校财务实际状况,最终做出合理的经费使用策略。所以,完善动态的财务信息系统是十分必要的,这样才能为高校决策者提供即时动态的财务参考数据。我们要推动高校财务系统的持续升级,以更好地为高校教育教学及科学研究服务,不断地利用更加先进与完善的会计软件深化与整合初始财务数据,以此来为相关人员提供更加翔实与综合的会计信息。

要对信息进行公开管理,体现民主管理和信息共享的需要。电子信息技术可以使财务信息的管理更加便捷和透明。相比于传统的财务信息公开模式,提升了财务信息的透明度,能够在一定程度上推动高校的民主管理,使得高校内部各部门、各群体之间实现财务信息的共享。随着高校财务管理信息化的发展,推动公开财务信息的审批程序流程化将是下一步财务管理工作的重点内容,在审批过程中要保证财务信息的科学性、准确性、有效性及真实性,同时还要做好财务涉密信息的保密工作。财务信息公开要保留公开信息的关键要素,对于审批过程和审批的结果都要进行留痕,为日后查询和民主管理提供参考依据。

(四)构建信息风险控制系统

第一,建立完善的高校财务信息管理制度。确定关键的会计岗位责任,对各个岗位进行监督和约束,在网络化运行的财务管理工作当中进行责任分工,实行责任相互制约、相互监督的工作机制,在用户权限的管理上要分级进行。在财务管理操作上要保证计算机系统能够安全顺畅地工作,避免因为操作失误造成计算结果的差错。建立预防病毒的安全措施与应对黑客的防护措施,防止高校财务数据信息遭遇恶性攻击及篡改。

第二,建立健全的高校财务网络安全管理制度。通过静态数据安全和动态数据安全两个方面对财务网络安全进行管理。我们可以通过建立安全的数据通信协议,采用安全性能高的加密算法进行财务安全管理,还可以建立计算机安全应急管理机制,使财务软件的信息平台得到安全保障。

(五)构建绩效评价与决策系统

绩效评价就是对财务管理方面的决策进行结构化评价,可以通过影响工作中的特性、行为、结果来进行对财务未来的预测,为财务管理的领导层进行决策提供数据支持。随着高校财务工作中全面引入电子信息技术,高校能够提供更加全面、共享、准确的财务信息,同时多种管理模型与决策方法的使用提高了高校财务工作的预测准确性,这样一方面能够准确掌握校内相关的会计核算实时信息,另一方面也能够为高校领导决策提供更加准确与实时的财务核算信息,还可以满足高校领导的监管需求,以及社会公众对高校的监督与认识需求。当前各高校不断加快自身发展速度,高校之间的竞争愈来愈激烈,因此高校应不断优化教育资源配置,提高经济效益,提高财务服务保障功能和财务管理水平。要实现这一目标,高校需要建立起完善科学的绩效评价体系,为管理决策提供准确、全面的财务核算信息,充分利用最先进的电子信息技术来支持财务系统的顺畅高效运作。采用现代决策体制、原则与方法,以提高财务决策的准确性。使用电子政务系统可以避免传统的信息传输方式中的错误,首先,我们要建立健全的信息管理系统,将财务管理变得简单、高效、操作性强,准确提供信息资源,及时、正确地处理财务信息提供平台支持。其次，要建立财务、经济专家的信息管理体系。这种高级人才库的建立为财务管理提供人才保障，为财务管理提供科学合理的财务管理方案，同时也是财务决策制定当中的智慧团体，帮助做出正确的决策制定。再次，建立规范的监督反馈机制。在信息量大、信息复杂化的今天，财务管理工作已不再是传统简单的手工记账，因此在监督反馈方面也要相应地健全管理制度，按照预先制定的方针政策进行监督管理，最终实现财务管理的全面化。

(六)构建云计算支持的财务管理系统

云技术就是现在常说的大数据技术的核心，在大数据的支持下，云计算可以为其提供架构的运作平台，使用云计算就是网络计算机服务器将数据资源进行整合，加工处理后得到用户需要的反馈。高校是重要的教学和科研机构，在基础设施的建设方面需要投入大量的人力、物力、财力，在高校正常运作的同时也需要财务管理的参与，这就要求高校财务进行软件、硬件等设备的购买。云计算技术的运用可以使会计信息资源得到优化，提高高校财务管理的工作效率。高校可以根据自身的经济实力和综合水平，结合相应管理层的实际需求，进行引入大数据和云计算技术的探讨。在综合考察之后对云计算服务和风险服务进行综合测评，最终决定是否引入这种先进的财务管理技术。大数据和云计算的应用可以为高校的管理带来便捷，同时也对高校管理人员提出了新的挑战，在激发财务管理人员工作积极性的同时还可以使财务管理人员的工作能力和水平得到提升，从长远的角度出发，引入大数据和云计算技术可以有效地降低财务管理的工作成本，为实现高校治理现代化提供支撑。

第六章
高校财务管理绩效评价的构建

第一节　高校财务绩效评价的制约因素及应对策略

高校财务是高校发展的重要保障,也是判断高校实际发展情况的重要依据。高校财务评价具有独特的复杂性,科学合理的财务绩效评价是高校进行资源再分配的重要参考依据,其重要性不言而喻。基于此,本节主要对高校财务绩效评价的制约因素和应对策略进行讨论,以期改善高校财务状况。

自高校扩招开始,高校的理财环境发生了一定的变化。高校的教学职能更加多样化,办学活力大大增强,使得高校的筹资渠道逐渐多元化、高校财务收支急速增长、会计计量日益复杂。因此,对包括高校资金在内的各种资源进行合理有效的分配成为高校管理的重点。同时,高校是非营利组织,产出测算困难,成本估计困难,这也要求高校引入财务绩效评价制度。

一、高校财务绩效评价的主要制约因素

高校进行财务评价的目的在于科学、准确地揭示高校的经营与财务状况,为管理决策提供依据。制约高校财务绩效评价的主要因素有以下几方面。

(一)评价指标体系

高校财务绩效评价指标体系包括多个指标。我国设计了包括高校财务绩效、财务潜力、高校综合潜力等38个指标的高校财务绩效评价体系,并被教育部用于对直属高校进行财务绩效评价。也有高校设计了不同的评价体系,不同体系的研究方法与侧重点不尽相同,因而也会导致高校财务绩效评价结果有所差异。

(二)评价标准

不同高校的财务绩效评价侧重点不同,评价的标准也存在差异。同一所高校采用不同的评价标准,也会得出不同的结果。例如,有的高校重视非财务信息在整个体系中的作用,引入平衡计分法,对学生学习成长、财务、内部流程等多方面进行同等考量;有的高校重业绩,采用模糊数学法进行评价,将教学绩效、产业绩效、科研绩效作为第一阶梯,其他条件作为第二阶梯。总之,不同的标准得

到的结果也不同。

二、高校财务绩效评价的应对策略

（一）构建评价指标体系

第一，要构建符合实际的评价指标体系。评价指标体系的多个指标相互作用，得到最终结果，每个指标都具有特定的功能。构建该体系要遵循科学性原则，科学性体现在指标的选择和评价模型的构建两方面。指标的选择要有理论依据，符合高校实际，不遗漏也不重复，各个指标既能共同发挥作用，又能保持相互独立。构建出的评价模型体系要具备层次性、整体性，具备一个系统所应拥有的一般特性。

第二，要符合相关性原则。当前，高校的资金来源非常多元化，财务绩效评价的项目增多，不仅有教育部门与政府，还有其他人员或集团。因此，高校的财务绩效评价指标构建要符合相关性。相关性一方面体现在指标的选取需与高校财务绩效相关，另一方面体现在构建出的体系所得出的结果应关联所有利益相关者，发挥为相关者提供决策依据的作用。

第三，要符合可比性原则。没有比较就难以发现不足，可比性原则既包括不同高校财务绩效结果的对比，又包括高校在不同时间段的财务绩效结果的对比。基于以上原因，可比性是高校构建评价指标体系时所必须考虑的因素。评价指标体系的可比性主要侧重评价结果的可比，要能够对评价结果进行适当性调整，使评价结果具备可比性。评价指标的可比性主要是指指标的通用性与适用性，这一点主要体现在应尽量避免采取只适合于少数高校甚至是个别高校的指标。

第四，要重视可操作性。可操作原则是构建评价指标体系的必要条件。高校资金复杂，产出衡量困难，故而财务绩效评价难度大。对评价结果产生影响的因素除了评价指数模型、指标选择、指标权重，还有数据的可获得性。纵然有些评价指标非常适用于高校财务绩效的评价，但数据获取困难或者获取数据的精确度低，在选择时也要慎重考虑。

（二）应用评价方法

高校财务绩效评价的发展经历了很长时间，但评价的方式和内容还未形成统一标准,即便如此,有一点是毋庸置疑的:高校财务的绩效都是指投入的教育资源、资金所产生的能够用数量结果进行显示的最大效益、最高效率、最大效果。因此,在构建财务绩效评价体系时,财务效益、财务效果、财务效率是每所高校都要考虑的三个方面。此外,高校具有特殊的学术性,部分高校会有优秀论文、国家级科技奖励甚至是三大科技奖项,虽然这些情况不适合于所有高校,却是很重要的评价指标。因此,高校在设计评价体系时至少需包含高校财务绩效基本指标和补充指标两部分,高校应结合实际选择适合自己的评价方法。选择评价方法后,在应用中要对财务评价主要明细指标进行阐述,如资产负债率、到期债务偿还率、净收益和报酬率、资产增长率、教育资金投入率等。同时,师生状况如师生比例这些内容也要有所体现。

科学合理的高校财务绩效评价能够实现高校资源的合理配置,提高办学效益,强化国家对高校的监督管理,是我国教育事业发展的重要助力,因此要重视并发展高校财务绩效评价。

第二节　高校财务绩效评价指标体系的构建

在高校的日常运作当中,财务管理是其中非常重要的工作内容之一。针对高校财务管理工作进行绩效评估和考核,能够进一步加强高校的财务管理工作,在保障高校社会效益的同时提高高校的经济效益,使得高校在未来能够有更好的发展。然而,从目前高校财务绩效评价指标体系的建设来看,还存在着一些问题,阻碍了高校绩效评估、考核工作的开展以及作用的发挥。本节对当前高校财务绩效评价中存在的问题进行探讨,分析高校财务绩效评价指标体系构建的重要性和基本原则。

对于高校的日常管理工作来说,财务管理是其中非常重要的工作内容。财务管理的工作直接关系到高校的正常运作、相关措施的实施以及高校自身的发展空间。因此,在高校的管理工作当中,必须重视高校财务工作的各个方面,并且保障相关措施的完善以及工作完成的效率和质量。一旦高校财务管理工作出现问题,就很有可能使得高校的运作经费不足,或者是相关资料的利用率低,对高校的正常发展以及工作的开展造成极大的阻碍。而要保障高校的财务管理工作,提高财务管理工作的质量和效率,就必须重视财务绩效评价指标体系的建设。这不仅是因为财务绩效评价指标体系的构建是当前我国财政体制改革对于高校管理提出的基本要求之一,还因为财务绩效评价指标体系的构建能够更好地提升高校财务管理工作的质量以及效率,并且加强财务工作人员的积极性,激发他们的主观能动性,使他们更好地完成手中的工作。而要确保财务绩效评价指标体系的构建,首先要了解的就是当前高校财务绩效评价存在的问题,这样才能更好地进行改善。

一、当前高校财务绩效评价中存在的问题

从目前我国高校的财务管理工作来看,大部分高校已经开始了财务绩效评价工作,并且通过财务绩效评价工作的开展使得当前高校财务管理工作的质量获得了一定程度的提高。但是,依然存在着一些问题使得高校财务绩效评价工作无法真正地发挥作用,最为明显的一点就在于,当前无论是高校的管理人员还是从事高校财务管理的工作人员都没有真正认识到财务绩效评价体系建设的重要性,也不了解财务绩效评价体系的真正作用,从而使得绩效评价体系的建设和开展都存在问题。也就是说,当前高校在进行财务经济效益评价工作的时候,没有正确地评估高校的经营效益以及资源分配的合理性,导致高校资源出现极大的浪费。除此之外,在目前高校的财务管理中,所使用的财务绩效评价体系也并不完善。一般情况下,财务绩效评价体系都是由指标、标准与方法这三个部分组成的。然而,从目前高校财务绩效评价体系的构建来看,其中指标的设计存在极大的缺陷,因此并不能如实地反映高校的财务绩效情况。同时,高校的财务绩效评价体系也没有一个全面、科学、合理的考核评价标准作为依据,这样一来就会使得评价缺乏公正和客观性。最后,在高校财务绩效评价工作的实施过程中,并没有一个完善的监督管理机制对工作开展状况进行严密的监督,导致财务绩效评价工作在实施过程中会出现一些问题,从而影响高校的财务管理工作,直接导致高校正常的运作出现问题。

二、高校财务绩效评价指标体系构建的重要性

(一)满足高校财务制度的要求

2012年,我国财政部颁布了《高等学校财务制度》(以下简称《制度》),在这

一《制度》当中,对我国所有的全日制普通高校包括成人高校的财务管理工作都提出了明确要求。并且明确表示在高校的财务管理工作当中,必须要开展绩效评价以及绩效考核工作,从而确保高校财务管理工作的正常开展。除此之外,在《制度》中还指出,高校在未来的运作过程当中,必须提高资源的使用效率,确保高校资源的优化分配,平衡高校的社会效益与经济效益,使得高校在提升教育水平的同时提高自身的经济效益。除此之外,还需要通过绩效评价与考核来保障财务管理中各项工作的开展和实施,确保高校资源不会出现浪费或者被不法窃取的情况。

(二)建立高校内部经济责任制

所谓的高校经济责任制,指的就是在高校中要以办学为目标,在此基础之上提高高校的经济效益,并且明确各岗位的分工以及责权,要求各岗位以及各部门之间进行相互的监督管理与配合,从而健全高校经济效益的经济制度。高校经济责任制是高校内部管理中不可分割的一部分。众所周知,无论是在任何一个行业以及任何一个企业、机构与组织当中,财务管理工作都是以货币价值为评价标准。而高校的财务管理更是以货币价值为指标来评价高校的教育、科研、行政等各项活动,并且通过各项活动的效果与影响切实地反映高校当前的经济效益与社会效益。而财务绩效评价指标体系的构建,则能够客观、真实地对各项活动进行评价,从而保障与高校经济责任制相关的制度的制定、实施以及效果评估,使高校经济责任制能够发挥更大的作用。

(三)加强政府的管理工作

从当前我国高校开办的实际情况来看,大部分高校属于公办高校。而公办高校的运作经费主要来自国家的财政拨款,其次就是学生的缴费收入。在这样的情况下,由于国家财政是学校的投资主体,所以高校归国家所有。因此,高校的财务管理必须要向国家财政负责。同时,为了确保国家财政针对高校的拨款被用于高校的建设,财政部颁布了相关措施确保预算的执行以及完成过程,确保预算资金的使用途径以及使用效率。特别是在2013年4月的时候,财政部颁发了《财政预算绩效评价共性指标体系框架》和《部门整体支出绩效评价共性指标体系框架》,进一步明确了高校资源的优化配置以及保障高校社会效益与经济效益的平衡,同时要加强高校财务管理中风险的评估,并且需要建立高校财务绩效评价指标体系,以此来确保高校财务管理工作的正常开展,提高高校管理工作的质量与效率。

由于我国大部分高校属于公办学校,因此高校的建设与管理需要以国家相关政策以及基本国情为导向,依照国家相关的法律法规进行办学,并且在高校中进行科学的管理。而高校财务绩效评价指标体系的构建,能够确保高校财务管理工作按照国家政府以及相关部门的要求进行,同时提高高校资源的使用效率,提高高校教职人员与学生的利益,在保障高校社会效益的基础之上提升高校的经济效益,为高校的建设以及现代管理体制的改革提供保障。

三、高校财务绩效评价指标体系构建的基本原则

(一)社会效益与经济效益的均衡原则

从当前我国高校财务绩效评价指标体系的构建来看,主要是针对高校经济效益的评价与分析,然而高校社会效益却没有一套完善的评价指标。需要注意的是,任何一所学校其本身都是具有公益性以及社会责任的。因此在进行财务绩效评价以及考核工作时,绝对不能忽视高校的社会效益。一定要确保高校社会效益与经济效益的均衡,这样才能在客观、公正地评价高校财务状况的同时,确保高校能够更好地发展。

(二)针对性原则

需要注意的是,虽然同为高校,但是在我国的高等教育当中又分为学历教育与非学历教育。而从制度上来看,也被分为全日制和非全日制两种。除此之外,同为学历教育,但是在学历教育中也有专科、本科以及研究生教育三种。虽然我国大部分高校都为公办学校,但是也存在少部分的民办高校。同时,在全日制高校当中又有综合型、研究型、教学型以及应用实践型等类型之分。因此,在进行高校财务绩效评价指标体系构建工作时,一定要注意的是根据高校实际的情况,包括高校的类别、层次以及教育形式等有针对性地开展。这样才能确保财务绩效评价指标体系真正地发挥作用,从而提高高校的管理水平,保障高校在未来能够更好地发展。

(三)价值与非价值指标的结合原则

需要注意的是,高校作为一个教育机构以及研究机构,其社会效益是绝对不能忽视的。因此,在进行高校财务绩效评价指标体系的构建工作时,除了要针对具有货币价值的内容进行评估与考核,还需要对非货币价值的工作内容进行财务绩效评估。例如,师生比、科研成果转化率、论文发表数量与质量、获奖数等,这些都是高校的宝贵资产,必须要引起重视。

(四)绩效评价与财务分析指标的结合原则

所谓财务分析指标,指的就是相关工作人员通过特殊的方法对高校的事业计划、财务报表以及其他资料等信息数据进行分析,以此反映出阶段时间内高校财务的实际情况,从而更好地评判高校在阶段时间内各项活动的效果以及规律,并且以此为依据来指导日后高校的经济活动与其他事业活动。之所以要做到绩效评价指标与财务分析指标的结合,是因为在财务分析工作中所需要的财务报表等其他与财务工作相关的资料,都需要通过绩效评价与考核得出相关的结论与数据。因此,只有将绩效评价指标与财务分析指标的制定相结合,确保两者之间的辩证统一,才能更好地保障高校财务分析工作的开展,有利于高校在未来更好地发展。

第三节 高校财务人员绩效评价体系的构建

高校财务管理是严格落实国家财经政策的重要内容,是高校从根源上消除经济犯罪、避免经济损失的关键环节。新时期,提高高校财务管理水平对提高高校综合管理能力有着至关重要的作用,而作为现代高校财务管理工作核心的财务绩效评价体系的构建显得尤为重要。本节阐述了高校财务人员绩效评价体系构建的必要性,分析了高校财务人员绩效评价存在的问题,提出了高校财务人员绩效评价体系的构建策略。

目前,我国高校尚未构建完善的财务绩效评价指标体系,对高校财务人员绩效的评价基本以财务分析指标为准,由于该指标主要凭借价值性经济指标对财务结果加以评价,无法客观全面地反映高校财务运行的现状,无法全面反映非经济指标在绩效考评中的重要性。因此，构建完善的高校财务人员绩效评价体系具有重要的现实意义和应用价值。

一、高校财务人员绩效评价体系构建的必要性

（一）强化高校内部管理的实际需要

高校经济责任制是高校内部管理制度的核心，是高校内部建立的以实现根本教学目标、实现经济与社会效益双赢为目的、以责权利相结合为特点的职责分明、相互监督、逐级落实的经济管理体系。财务管理是以货币价值为指标对高校各项活动加以监管，受货币属性的影响，高校财务管理活动具有明显的综合性特征，这决定了财务指标可以真实地反映高校各项活动的实际效益。要实现对财务人员的绩效评价就必须以财务经济指标为主。只有构建完善的经济责任制和财务绩效评价指标体系，才能充分落实经济责任，才能实现财务人员绩效考核的制度化和规范化，为财务人员的业绩评价、绩效奖罚和选拔任用提供制度保障。

（二）加强政府宏观管理的客观需要

目前，我国高校办公经费主要以政府拨款为主，财政部为了对预算的落实情况和执行结果进行全面客观的追踪问效，全面提高预算资金的利用率，出台了《财政预算绩效评价共性指标体系框架》和《部门整体支出绩效评价共性指标体系框架》，进一步加强了对高校财务管理现状、运行情况、财务风险的管理与分析，客观上需要构建完善的高校财务人员绩效评价体系，为政府的宏观管理提供客观依据，以便对高校运行的经济效益和社会效益进行全面考核。

（三）构建现代高校管理体系的现实要求

现代大学制度的核心是在政府宏观调控政策指导下，高校面向社会，依法自主办学，进行科学管理。现代大学制度的内容十分丰富，涉及面也非常广泛，包括规范大学与政府的关系、理顺大学与社会的关系、完善大学内部治理结构等方面。高校财务管理体系与高校内部治理结构存在密切关联，财务人员绩效的好坏、资金利用率的高低在很大程度上决定着高校所有教职员工和学生的实际利益，只有提高资金利用率才能确保高校内部治理结构的完善与革新，为现代高校

管理体系的构建奠定坚实的物质基础。

二、高校财务人员绩效评价存在的问题

目前，高校财务绩效评价尚处于探索时期，财务绩效评价体系还不完善，财政性资金和非税收资金、其他资金的使用效益也未能建立相应的监管、考评机制，财务人员绩效评价体系没有跟上财政体制改革的步伐，不能有效满足现代高校教育改革的实际要求。

(一)重视度不够，认识存在误区

长期以来，高校财务人员绩效评价中普遍存在"重分配，轻监管""重投入，轻产出"等意识层面的误区与问题，绩效评价意识薄弱，造成高校在日常运行中资源投入不够与教育资源浪费共存、资源分配不合理与资源利用率低共存、教育资金使用率低与资金使用效益低共存等问题。

(二)整体性不足，缺乏规范性

高校财务人员绩效评价体系应该是一个包括评价主体、评价客体、评价指标等在内的整体性非常强的体系。当前，我国高校绩效评价还没有形成完善的指标体系，在评价标准上基本还沿用传统标准的纵向对比，缺乏与国内同类高校的横向对比。评价方法上，尚未形成有效的方法体系，一般只采用比率分析法、趋势分析法、对比分析法、因素分析法等传统的财务分析方法。评价主体模糊，目的性不强，为评价而评价，形式主义问题严重，未能充分发挥评价的规范和激励作用。评价客体上界定不明确，笼统地将高校视为评价客体，没有进行深入细化，最终造成评价指标的笼统模糊。

(三)配套不完善，缺乏监督机制

大多数高校都没有制定有关财务人员绩效评价方面的文件，文件支持体系显得十分落后。高校绩效评价指标体系也没有法律保障和制度保障，相关部门也没有出台关于绩效考评内容和流程的政策，配套的行之有效的监管机制也未能有效构建。

由于种种问题与制约，高校绩效考核在规范性、科学性和客观性上都存在较

大欠缺，无法得出令人信服的绩效评价结果。客观来讲，当前高校财务人员绩效评价工作还处于摸索时期，绩效评价体系亟待完善和规范。

三、高校财务人员绩效评价体系的构建策略

高校财务人员绩效评价存在着许多问题，如不及时解决，势必会对我国高校财务管理工作带来严重的负面影响，同时会对高校人才培养计划的实施以及教育质量的提高带来严重制约。所以要从实际存在的问题着手，有针对性地提高高校财务人员绩效评价工作的质量，构建完善的高校财务人员绩效评价体系。

（一）强化绩效评价意识，提高思想重视程度

对工作的重视程度直接影响着后续工作开展质量的高低。对于高校财务人员绩效管理工作而言，种种历史因素的制约使得高校管理者对财务管理存在普遍的惯性意识缺失。因此，要想提高高校财务绩效评价工作质量，首先要强化管理者的绩效评价意识，提高他们的思想重视程度。高校绩效管理工作与企业财务绩效管理之间存在许多共性，但又由于高校属于现代社会人才培养的重要基地，所以高校在许多方面需要权衡教育质量与经济效益。因此，高校财务人员绩效评价工作与企业财务绩效管理之间又存在许多差异。高校管理层必须重视并加强相关理论知识的学习，只有这样才能避免财务人员绩效评价流于表面，真正实现统筹兼备、全面把控。高校管理者必须树立现代化财务管理理念，必须在加强现代教育改革、提高资源利用率的基础上强化财务绩效评价意识，明确财务绩效管理工作高效开展是促进高校可持续发展的有效手段，进而将这种理念和意识充分落实在日常管理中，提高高校内部管理工作的整体质量。

（二）加强指标体系建设，确保评价结果客观

要想提高财务管理的绩效评价工作质量，就必须从评价的具体工作入手。换句话说，就是要构建完善健全的绩效评价指标体系，只有这样才能确保绩效评价结果的客观性与公正性。绩效评价体系构建必须明确评价标准、评价内容、评价对象、评价流程和评价范围。此外，为了避免财务绩效评价工作流于表面、流于形式，应该使财务性指标与经济性指标有效结合，确保短期目标与长远目标的协调一致，不仅要重视评价结果，还要加强后续评价、分析、研讨，提高绩效评价

工作的深广度，同时将评价结果作为未来预算管理、资源分配、资金利用等具体工作的重要依据，以便充分发挥财务人员绩效评价的真正作用。

(三)建立合理激励机制，形成完善的约束体系

因国家在投资责任方面未能形成健全完善、行之有效的约束机制，导致许多高校成本意识薄弱，办学效益低下。所以，必须建立合理的激励与约束机制，对高校财务人员绩效评价进行合理约束，确保高校办学行为的科学性和规范性，实现高校办学经济效益与社会效益的双赢，推动高校的可持续发展。此外，将财务管理行为引到绩效上来，然后予以适当奖励，充分调动参与财务绩效评价人员的积极性，构建合理的、完善的财务人员绩效评价激励机制和约束体系，并充分发挥其应有的作用。

(四)加强信息数据库建设，提供有力的技术支撑

科学合理、完整动态的信息数据库的建立，不仅有助于收集、整理、分析绩效评估资料，及时客观地反馈绩效评价结果，而且有助于为财务人员绩效评价工作的持续高效开展提供强有力的技术支撑。一方面，评价标准的科学性、精准性取决于数据信息的动态积累过程；另一方面，随着高校信息化建设的深入，政府和社会投资主体也要求加强财务绩效评价信息数据库的建设，实现财务管理的信息化，提高数据资源的共享度。此外，高校还要定期向投资者披露高校教育经费投入、预算使用情况和资源利用情况，确保绩效评价的公开化、公正化，为投资者做出正确的投资决策提供可靠依据。

总而言之，高校财务人员绩效评价体系的具体标准与实际要求，要由相关部门结合本校特点和实际情况制定科学合理的评价标准与依据。高校可以根据具体的现实情况，在充分满足政府宏观财务绩效评价指标体系的基础上合理进行增减，并结合学校内部管理的实际需要构建高校内部二级单位财务人员绩效评价指标体系，推动高校财务管理工作的可持续发展。

第四节 高校财务绩效综合实力评价

高校财务绩效综合实力评价指标体系的运用必须注意项目相关性、对比口径

的一致性,还要保证衡量标准的科学性,注重指标计算的有用性,避免指标的多而乏用,同时要注意定量指标与定性指标、横向指标与纵向指标、静态指标与动态指标等的结合,多角度、全方位进行分析。

利用财务管理和会计核算,从财务角度对高校财务管理与绩效进行综合评价,有针对性地提出改进措施,提高有限资源的优化配置和使用效率,对加强高校财务状况的有效监控与宏观管理、促使高校财务工作自我评价有重要意义。

一、教育绩效评价的特征

教育绩效评价,一方面反映了绩效评价的基本思想和要求,另一方面体现了教育的本质属性和特征。因此,教育绩效评价的特征体现了绩效评价和教育本质属性的统一。在具体实施高校教育绩效评价的过程中,我们应该坚持三个统一。第一,效率和公益性的统一。效率是绩效评价的核心,而公益性则是教育的本质属性。第二,客观性和人文性的统一。绩效评价是建立在对指标数据分析基础上的事实判断,但判断的结果是对大学绩效的反馈,就是要通过客观的数据来说明大学人文的一面。第三,发展性和现实性的统一。教育绩效评价的结果是指向未来的,但评价所采用的数据则是面向过去的,这就是说对过去已经发生的情况进行分析,而目标是发现问题,为未来决策提供政策依据。

二、高校财务绩效综合实力评价的必要性

(一)有利于制定合理的发展目标

高效、优化的配置资源是政府和市场对高校的要求。因此,必须对高校开展财务绩效评价,并在此基础上对高校未来财务状况做出理性判断,才有可能使高校的规划科学合理、有轻有重、有缓有急,有利于高校积极稳妥地实现既定目标,从容应对各种考验和挑战。

(二)有利于了解高校的发展状况和经济实力

通过年末借款余额、生均借款额、资产负债率等绩效评价指标,从各方面对高校财务风险进行分析评价,判断高校的综合财务状况及偿债能力,进而掌握高

校综合财务状况变化趋势。

(三)可以为高校发展提供定量依据

高校财务绩效综合实力评价就是对高校理财活动的评价,高校通过建立财务绩效综合实力评价指标体系,并对评价结果进行科学分析,客观反映综合绩效及差距,及时调整经费及投入方向。

(四)有利于控制高校财务风险

高校负债人所共知,控制高校财务风险的关键是适度举债。负债不应当影响高校正常教学科研及维持费用的开支,因此必须考核财务发展潜力,对高校财务运行边界进行预报,避免或降低财务风险。

(五)有利于提高教育经费的使用效率

通过科学有效的绩效评价可以发现,哪些投入是必要的,哪些是不必要的,哪些投入是高效的,哪些是低效甚至无效的,这样可以不断提升高校的管理水平、降低成本、提高办学效益。

(六)有利于增强高校自我发展能力

办学条件、人力资源、资产利用率、专业教育能力、财务能力等指标,不仅是对高校管理的评价,也是一种诊断,可以对高校战略规划实施过程和状态采取必要的调整。绩效评价制度的实施,能够引导高校科学制定事业规划,有利于增强高校发展能力。

三、建立高校财务绩效综合实力评价指标体系的原则

高校财务管理的特殊性和复杂性决定了在高校财务绩效综合实力评价指标体系构建过程中既要考虑财务管理的共性特征,也要考虑高校的个性特征,应严格坚持如下原则。

(一)科学性

评价指标的设计既要考虑评价研究的任务,也要符合客观现象本身的特点、

性质及其运动规律。要注意指标的代表性及体系的完整性，要求指标之间不重复、不遗漏，指标之间既相互独立又互为补充。

（二）统一性

评价指标的设计要注意统计核算与会计核算、业务核算的联系和统一的原则。

（三）重要性

在复杂的指标群中选择那些具有代表性的财务评价指标，充分有效地表达财务状况的运行特征和内在规律。

（四）可比性

评价指标在设计中要注意指标的口径和方法具有动态可比性，并在空间范围内可比。

（五）通用性

评价指标在设计中要注意统计核算与会计核算、业务核算的联系和统一，要注意几种评价指标的兼容和统一，以保证信息资源的共享。要尽可能设计出一套满足不同信息需求者的指标体系，使指标具有充分扩展、分解组合的功能，以保证指标评价的权威性和准确性。

（六）整体性

财务绩效评价体系是一个多变量输出的复杂系统，评价的目标也是多元化的，不能用局限性较大的单一指标进行评价，而是要建立一套既各有侧重又相互联系的指标体系来反映高校的总体绩效。

（七）动态性

高校财务绩效评价是一项长期的工作，应充分考虑评价的趋势性，剔除偶然性因素的影响，按动态完善原则不断进行修订，以科学、准确地反映各高校的绩效水平和综合管理水平。

（八）可行性

建立的评价指标，既要从理论上注意科学性和完整性，也要考虑实际使用时的可行性。

（九）历史性

在长期的财务管理、会计核算、经济统计过程中，已经形成一些能够对特定内容予以反映的若干指标，综合评价指标设置应借鉴这些历史经验。

（十）效用性

财务绩效评价要突出重点，注重实效，通过评价强化财务资金管理和使用者的责任，优化支出结构和提高财务资金使用效益，为预算编制和执行提供科学依据。

四、高校财务绩效综合实力评价的方法

（一）预定目标与实施效果比较法

通过将财务支出所产生的实际结果与预定的目标进行比较，分析完成或未完成目标的因素，从而评价财务支出绩效。

（二）成本——效益比较法

针对财务支出确定的目标，在目标效益相同的情况下，对支出项目中发生的各种正常开支、额外开支和特殊费用等进行比较，以最小成本取得最大效益为优。

（三）最低费用选择法

在无法取得有关项目的预期收益时，分析比较项目的投入，费用或成本最低为最优。

(四)因素分析法

通过列举分析所有影响收益及成本的内外因素，进行综合分析评价的方法。

(五)专家评议法

通过邀请在某一方面具有特长的若干专家，对项目支出绩效进行评价后，汇总分析专家意见的一种评价方法。

(六)公众评判法

采取问卷统计、测评等方式向公众进行某项支出项目实施效益情况的调查，以评判其效益高低。

(七)横向比较法

将相同的项目支出通过比较，进行综合分析和判断的方法。

(八)主成分分析法

主要是对高校财务绩效评价采取因子对总体效应来确定各个变量对总体效应的影响。

(九)隶属度赋值法

评议人员根据自己的学识、经验和对评价对象的了解，参考评议标准，确定评议指标的不同档次和等级。评议过程就是赋值过程。

五、高校财务绩效综合实力评价指标体系的构建

(一)定量指标

1. 总收入

总收入包含政府拨款和高校自筹两部分。总收入反映了高校的资金规模，体现了高校的综合实力，表明高校事业发展的能力。反映总收入的主要指标如下所

述。①总收入增长率,即(当年总收入/上年总收入)×100%。高校事业发展需要保持一定的收入增长率,而评价一所高校的发展潜力必须分析其收入增长的能力。②自筹收入占有率,即(当年自筹收入/当年总收入)×100%。自筹收入主要包括学费收入、住宿费收入、教学服务收入、科研服务收入、其他服务收入、校办产业收入、投资收入、捐赠和赞助收入等。自筹收入占有率反映了高校自我发展的能力。③自筹收入增长率,即(当年自筹收入/上年自筹收入)×100%。自筹收入增长率从动态角度反映了高校在自筹资金方面的努力程度。④年末净存款余额。年末净存款余额=年末货币资金额+短期投资—借入款。该指标反映高校可动用的流动资金数,是高校财务运行状况的重要考核指标。年末净存款余额应保持略有结余。从理论上讲,年末净存款余额越大,说明高校可支配和周转的财力越强。但若有较大量的结余,则有可能是当年含有较大量的未付款项或当年有未完成项目,并不能说明高校可支配和周转的财力越强。⑤融资收入占银行存款年均余额的比例,即(融资收入/银行存款年均余额)×100%。融资收入是指学校财务部门年度全部金融资产所获得的利息及投资收益等全部收入,银行存款年均余额是银行存款期初数与期末数平均数。该指标反映高校盘活资金存量、合理理财、积极组织融资活动的成果。

2. 总支出

反映高校支出增长速度的主要指标如下所述。

(1)总支出增长率,即(当年总支出/上年总支出)×100%。总支出增长率不能过快,应保持适当速度。

(2)人员支出比率,即(人员支出/总支出)×100%。降低人员支出比重是提高管理水平和效益的体现。人员支出比率越低越好。

(3)公用支出比率,即(公用支出/总支出)×100%。对公用支出比率要具体评价其构成,若其中需要控制的项目,如办公费、会议费、业务招待费等比例大,则不利于事业发展。

(4)年度收支比,指高校本年度总支出与本年度总收入进行比较。若总支出大于总收入,反映高校该年度出现赤字。数额越大,说明高校财务运行越难。若总支出小于总收入,说明高校财务运行处在正常状况。

(5)年末净存款占总支出比。学校年末净存款与当年经费总支出对比,说明净存款储备率。比例越高,说明学校财务潜力越大;比例越低,说明流动资金不足,财务周转困难。

3. 资产

(1)资产负债率,即(负债总额/资产总额)×100%。这是用来衡量高校利用债权人提供的资金开展业务活动的能力,以及反映债权人提供资金的安全保障程度。如果资产负债率大于100%,表明高校已经资不抵债。

(2)负债收入率,即(负债总额/收入总额)×100%。该指标反映高校承受财务风险的能力,指标过大,则财务风险增加,对事业发展会形成威胁。

4. 当年学生就业率

就业率主要是反映高校教学成果被社会认可的程度。高校的品牌越好,高校发展的潜力越大。

5. 学生毕业率

毕业率主要是反映高校教学成果的高低。毕业率越高,高校教学成果越大;反之,高校教学成果越小。

6. 固定资产总值增长率

固定资产总值增长率=(当年固定资产总值/上年固定资产总值)×100%。该指标在一定程度上反映了高校的资产增长速度。资金规模相当的高校,资产增长率高说明高校财务支出结构较好。

7. 偿债能力

(1)资产负债率,即(负债总额/资产总额)×100%。这是用来衡量高校利用债权人提供的资金开展业务活动的能力,以及反映债权人提供资金的安全保障程度。如果资产负债率大于100%,表明高校已经资不抵债。

(2)负债收入率,即(负债总额/收入总额)×100%。该指标反映高校承受财务风险的能力,指标过大,则财务风险增加,对事业发展会形成威胁。

(3)对外负债率,即(负债总额年末数/年度收入总额)×100%。30%以下优质,40%~50%适度,50%~60%潜危,大于80%高风险。

(4)流动比率,即(流动资产/流动负债)×100%。表明每一元流动负债有多少流动资产作为支付保障。这一比率越高,债权人的安全程度就越高,高校的经营风险也越小。但流动比率过高会使高校的流动资金丧失再投资的机会。一般认为,高校的最佳流动比率为200%左右。

(5)速动比率，即(流动资产－存货)/流动负债×100%。该指标代表高校以速动资产偿还流动负债的综合能力。速动资产是指从流动资产中扣除变现速度最慢的存货等资产后，可以直接用于偿还流动负债的那部分流动资产。应该说，速动比率比流动比率更能表现一个企业的短期偿债能力。一般认为，速动比率为1∶1较合适。

(6)负债自有资金率，即(借入资金/自有资金)×100%。该指标用于衡量高校负债与自有资金的配比情况。一般而言，该比例应维持在1左右为宜，表明高校有偿还债务的能力，财务风险不大。即其临界比率为1，是稳定型变量。

(7)已获利息倍数，即事业结余/利息。该比率既反映高校获利能力的大小，又反映获利能力对于到期债务利息偿还的保障程度。当前各高校普遍采取银校合作这一手段，因而它是衡量高校长期偿债能力的重要指标。该指标的临界比率为1，是稳定型变量。

(二)定性指标

1. 教职员工素质

教职员工的文化水平、道德水准、专业技能、爱岗敬业等综合素质。

2. 管理者的素质

管理者及与管理相关的内在基本属性与质量。管理者的素质主要表现为品德、知识、能力及身心条件。管理者的素质是形成管理水平、能力的基础。

3. 创新能力

包括制度创新、技术创新、管理创新、服务创新、观念创新等方面。

4. 社会影响

包括学生志愿填报情况、学生就业率、横向课题获取能力等方面。

六、从利益相关者角度分析绩效评价指标的设立

高校作为一个有机的整体，涉及政府、投资者、管理者、学生及学生家长、高校职工等较多的利益相关者，因此在设立高校财务绩效评价体系时，应当重视各个利益相关者的合理利益诉求。本节对高校的利益相关者进行了详细阐述，并从实际出发分析了从利益相关者角度设立高校财务管理绩效评价指标的优势及应

遵循的原则。

由于高校的资金来源主要是政府拨款，而政府拨款增加的幅度往往满足不了高校扩招以后进一步发展的需要，加上高校不具有营利性质，没有有效的自由资金筹集渠道，所以运营资金的来源渠道受限明显。政府、投资者等作为高校资金的主要来源，若要持续投资，则必然对所投资金的回报率有一定的要求，这个要求是否满足以及满足到什么程度，都需要进行有效的财务绩效评价才能够实现，可见进行有效的财务绩效评价对高校发展有着十分重要的意义。下面将从多个利益相关者角度，强调高校财务绩效评价的重要性。

（一）高校利益相关者

高校利益相关者包括政府部门、高校投资者、高校管理者、高校学生及其家长、高校教师等。例如，政府部门为高校所在的公共环境提供一定的便利，某些科研机构或者企业能为高校的学生就业或者职业培训等提供一定的资源，捐赠者能为高校提供资金支持，学生和教职员工能有效提高高校整体的声誉与实力。

1. 政府部门

政府部门是高校的主要投资人，高校培养出来的人才直接关系到能否为当地经济和社会发展发挥作用等关键方面。政府部门尤为关注高校教育资金是否被有效使用在人才培养和提高质量等方面，即关注高校的财务管理绩效问题。

2. 高校投资者

我国高校进行教育体制改革以来，许多高校扩大了招生规模，加大教学软硬件条件建设，教育经费的严重不足等问题也随之出现。此时学校除了进行必要的银行贷款补充教育资金，还需要争取社会其他投资力量的支持。

3. 高校管理者

高校管理者是最直观的高校利益相关者，他们肩负着管理高校的职责，不仅需要对高校的投资机构与个人负责，提高学校的日常运营效率和科研效率等，还需要对学生及学生家长负责，聘用高水平的教职员工并实现高水平的科研和教育。此外，高校管理者还有自身的利益诉求需要满足。作为高校财务管理绩效衡量指标的直接制定者，高校管理者是非常重要的利益相关者。

4. 高校学生及其家长

若将高校比喻成"企业"，则学生是"高校教育产品"的直接顾客，是高校这个

"企业"是否能够长足发展的决定性因素。假如，高校学生普遍对高校的教育不满意、不认可，就无法促进高校教育的健康、持续发展，甚至会严重制约国家软实力的提高。人才的重要性，在国家的各个政策中都得到了强调，高校财务绩效评价应该重点关注是否满足了学生及学生家长的利益诉求。一般来说，学生对高校的要求包括获得良好的学习条件、企业用人单位对高校的认可度、较高的高校管理水平等。

5. 高校教师

高校教师作为高校教育的实际执行者，其工作效率、工作态度与工作的效果对高校的工作绩效高低起着决定性的作用。高校教师的利益诉求主要是工资福利待遇、实现自我的职业价值、取得更为稳定的工作环境等。高校教师的这些诉求需要在财务绩效评价指标上得以反映。

（二）从利益相关者角度设立绩效指标的优势

1. 有利于促进高校可持续发展

在设立高校财务绩效指标时，从利益相关者角度出发使得各利益相关者充分地参与到高校财务管理中来。一方面，利益相关者的介入能够激发他们对高校管理的使命感与责任感，促使其更好地为高校的可持续发展而努力；另一方面，利益相关者的介入能有效降低管理成本，通过利益制衡来有效消除内部人员集权控制的情况。在高校财务绩效评价中，要充分考虑到各个利益相关者的利益需求，只有在所有的利益相关者的利益都能够获得一定程度的满足后，才能吸引更多的高校专项性投资，吸引更多优秀的教职员工加入教育队伍，吸引更多的高素质学生进入学校深造。只有这些硬件设施和软件条件得到提升，高校才能够可持续发展，才能形成良性循环，实现各利益相关者的多方共赢。

2. 有利于高校内外部各方面利益的制衡

高校和企业一样，各个利益相关者各司其职、各求其利。由于其岗位等限制，获得的信息数量和种类都是有限的，会存在某种程度的信息不对称，从而导致内部控制中存在道德风险。道德风险是指高校的管理者直接掌握高校决策制定权，在制定或者执行这些政策时，为了最大限度地满足自己的单方利益，使得其他利益相关者的利益受到严重损害。为此，高校有必要规范管理者的行政环境和整个高校的监督管理环境，把各个利益相关者囊括到高校治理中来，通过各个利益相关者之间的制衡从根源上杜绝道德风险的产生，提高高校的治理效率和财务管理绩效。例如，从投资者角度来看，各个参与高校管理与运行的不同利益相关者，以各自的方式在相关方面对高校进行了一定的投资，故高校的发展势头是否良好、是否实现了其制定的战略目标，都会影响到投资者的后续投资意愿。投资者为了能够实现预期的投资收益目标，必然会积极地参与到高校治理中来，通过一定的方法对高校管理者的决策权和执行权进行有效的干预，阻止其进行无效或者低效的资金投资，这在某种程度上有利于财务管理的绩效的提高。

此外，各利益相关者参与管理高校还有一个优势，即实现信息的有效共享。各个利益相关者处于不同的专业领域，且拥有不同的职业背景或信息资源，所以能够在高校管理中充分发挥各自的专业或者信息优势，在一定程度上降低管理成本。

(三) 从利益相关者角度设立绩效指标应遵循的原则

1. 弹性与系统性原则

在设立财务管理绩效评价指标体系时，应形成一个动态的综合性评价体系。与一般企业相似，高校在发展过程中也会历经不同的生命周期，在设立初期、成长期、稳定期等不同的发展周期，发展目标也会不断变化，因此财务绩效的评价指标也必须做出动态的变更，才能适应弹性的财务管理目标。弹性原则需要高校能够根据自身的实际情况对运用的绩效评价体系或者具体指标进行取舍与调整，只有符合自身实际情况的评价体系才能准确地对财务绩效做出评价，并对后续决策做出有效指导。可见，高校的财务管理绩效评价指标的设立会影响高校财务管理目标的实现，也会受到高校财务管理目标变更的影响，两者相互作用、彼此影响，在评价指标与高校财务管理目标相匹配的情况下，更能够促进高校发展的良性循环。在设立评价指标时，应该系统全面地考虑各个利益相关者的利益诉求，否则评价指标就会失去公允性，评级结果就会失去意义。

2. 财务与非财务指标相结合原则

在设立财务管理绩效评价指标体系时，一定要涉及财务指标的设立。例如需要用资金使用率来评价高校资金的无效使用情况，需要用科研资金的回报率来评价科研资金的使用效率，需要计算高校资金的流入、流出比率来考虑是否需要对资金的筹集或使用情况进行改善。仅仅通过财务相关指标还不能够对高校财务管理绩效进行充分的评价，要想对高校办学过程中进行的财务管理绩效进行科学的评价，在设定评价指标时，就不能过分地侧重财务指标，而忽视其他非财务性指标。目前，我国高校的办学环境存在较多不稳定性，加上国际高校的竞争，各高校更应该充分重视对内外部环境的判断，明确自身在竞争环境中的优势与劣势。因此，高校在评价财务管理绩效时，应充分考虑大学的报考比率、学术水平排名等指标，将财务与非财务指标充分结合，避免出现单纯的财务指标评价可能导致的高校短期行为。

3. 只有合理的利益相关者诉求才能够转化为具体的评价指标原则

并不是利益相关者提出的所有利益诉求都应该被满足，尤其是随着利益相关者数量的增多，各个利益诉求之间必然会产生新的矛盾，此时要满足所有人的一切需求显然是不可行的。若是一味地偏袒某些利益相关者的诉求，不顾其合理性，则必然会损害其他利益相关者的利益，这就与我们的利益系统性原则相违背。通常高校在设立评价指标时，应该首先考虑对完成预期目标起到关键作用的因素，并需要对各个利益相关者在决策中的作用、地位及彼此之间的关系进行综合性的分析，以此来设定不同的利益相关者优先级。只有在全面了解利益相关者的利益诉求之后，才能够预测可能发生的风险及矛盾并剔除不合理的诉求，同时在事后对不合理的利益诉求进行评判教育，从内在激励利益相关者做出合理的利益诉求，以免对高校绩效评价产生误导。另外，在考虑利益相关者的诉求时，应考虑利益诉求的可衡量性，将评价指标与评价的具体管理流程进行较高程度的结合，使得利益相关者的利益诉求能够更好地在财务管理绩效的评价中得以反映，提高绩效评价的准确性和有效性。

综上所述，由于高校性质较为特殊，不具有内在的盈利动因，故在进行高校管理绩效评价时不能像企业一样默认形成一套系统的业绩评价体系。高校提供的是公共服务，所以各个利益相关者之间的利益权衡也较为复杂，除了要满足投资者的回报需求，更重要的是获得学生或社会对其教学质量的认可。在设立高校财务管理绩效评价体系时，从利益相关者角度出发，结合高校自身的特殊性质，全面系统地评价高校的运行结果，只有这样才能保证高校可持续高质量地发展。

第七章

高校财务管理绩效评价体系的具体应用

第一节　高校预算资金使用控制与绩效评价

随着高校资金管理内容的不断丰富,更加科学的预算资金管理成为高校财务管理的重要方式,对资金精细化管理的要求也越来越高,因此预算资金使用控制与资金使用绩效评价成为财务精细化管理的重要手段和主要管理目标。本节根据高校资金管理特征对预算资金使用控制及绩效评价进行探讨。

高校财务管理的核心问题就是高校办学的效益问题。目前,高校财务管理多以预算为基础。预算制是一种系统的管理方法,有助于高校优化配置有限的办学资源、提高资金的使用效率。在构建高校预算管理体系时,引入绩效评价机制,可以提高高校预算管理水平。高校年初根据各项业务需求及事业发展制定安排年度资金预算,基本坚持收支平衡、优先保障、量入为出等原则,预算以定额为基础,其实质表现为对全年业务运行所需保障性估计。而预算资金执行过程,财务主管部门往往缺少对二级预算部门资金使用上的监督与控制。也就是说,二级预算部门按各项目预算定额使用完成,其结果表现为预算资金执行情况良好。但资金使用的合理性得不到评估,即资金使用一般不予质疑,预算资金使用权、监管权全部下放给二级预算部门的负责人。高校财务主管部门对预算资金的执行间接地传递出认可或信任,这在严格意义上讲是高校财务管理部门在内部控制工作上的失位。长此下去,易造成直接的经济损失、资金对事业发展贡献率低下、滋生腐败现象等问题。为此,高校对预算资金的使用控制与绩效评价工作显得尤为重要。通过预算资金的使用控制与绩效评价可以有效提高项目预算经费执行的规范性、安全性及有效性。

一、预算资金使用控制

(一)部门预算额度控制

按照有保障、有压力的原则,对各部门申报的各项业务费预算额度设定的合理性进行科学论证,防止二级单位仅仅担忧资金使用缺口而随意增加额度的预算申报。

(二)部门办公经费使用控制

一般情况下,各高校都在预算中列出行政部门或二级学院的办公经费,或统筹估计设定或按人均数额设定。而这一部分预算资金通常用于办公用品杂项购买上,各部门使用情况基本趋同。例如,打印纸、墨盒、记录本、笔、档案袋(盒)、订书机、计算器等,年年趋同,各部门趋同。且不论其是否存在套现等问题,针对此情况,高校可采取相同、共性支出项目实行统一招标实施,指定由中标公司提供各种办公物品,高校按实际购领数量总额统一汇款,并在各部门该项预算资金中按实际划出。这样既便于资金用向控制也便于内外部审计,同时便于年终的资金使用绩效评价。

(三)办公设备的购置与维修控制

随着高校办公条件的不断改善,办公所需的设备更新日益加速,电子设备更新换代速度较快,个人对办公设备的高配置追求也随之不断增加。例如,办公电脑、打印机等电子产品的更新往往表现为个别功能的增加与提升,而使用单位却整机、整批地淘汰、新购,更有高校甚至将此种更新作为改善办学条件的政绩写入报告或总结。这种不适宜的更新在某种意义上讲其实就是变相的浪费。针对此类现象,高校可招标合作伙伴单位。由招标选择的电子产品服务公司负责对全校范围内的电子办公设备进行适时维修提升,提高电脑运行速度、扩大内存等行为无须更换电脑,只需在原电脑上做功能上的更新提升即可,完全可以保障一般性的办公功能。对于特殊用途的电脑或不能维修的电脑,由该公司根据实际情况出具弃旧购新报告。这样可以改变以往下属部门提出更换申请,高校财力允许、论证无力即整批弃旧换新的现象。时下各高校电子阅览室、计算机中心、电算化实验室电脑的拥有量非常大,少则几百台,多则几千台,如不加以控制,资金浪费性投入将十分巨大。

(四)科研项目申报设备购置控制

科学研究是高校功能之一,科研项目的多少、科研项目层次水平、科研项目到位资金都是高校的关注点。而每个项目在申报时总经费中仪器、设备采购经费往往不是论证的着眼点,因为科研项目资金是向上级申请的。不同年份的科研项目或不同项目中却经常出现个别仪器、设备相同，时间一长、项目一多，仪器设备就会因科研项目的增加出现单一性过剩，相对形成科研经费的浪费。为此，高校在科研项目申报组织上应采取措施、注重论证，将已有的仪器设备作为平台配套支持，科学调整项目资金结构，减少重复性浪费。

(五)基建项目预算资金控制

近年来，各省对省直高校无论在科研平台建设、人才培养平台建设还是在基础设施修建上都给予了力所能及的资金扶持。而绝大多数的基础设施修建项目通常由高校申请项目预算资金、承建方(招标产生)实施完成。高校在项目规划设计上，努力做到科学、适用、有效，防止追求高端档次。在基本概算的基础上，由第三方合作伙伴单位(有资质的造价公司)进行项目造价，并在项目书上强调主要材料的标准标定，防止中标方使用低价低质的主材而造成项目质量下降，从而降低项目预算资金的目标效能。

二、预算资金使用绩效评价

(一)完善预算资金使用绩效评价体系

高校根据自身财务管理实际情况选择资金支出绩效评价方法，如平衡记分卡、层次分析法、模糊综合评价法、模糊积分评价法等绩效评价方法。成立由纪检、质量监控中心、教务、学工、后勤等多部门人员组成的绩效评价小组，也可由高校内部控制工作领导小组担负资金使用绩效评价工作。不仅对高校整体预算资金使用绩效进行评价，同时要对各个二级预算部门进行资金使用绩效评价，将评价结论作为下一年度的预算资金奖惩性调整的依据。切实增强二级预算部门资金管理意识与水平，真正提高资金使用效能，为高校各项事业的发展提供良好的资金保障支持。

(二)部分人员经费的使用绩效评价

1. 激励性资金的绩效评价

人才引进是高校师资队伍建设的一个重要方面，优越的激励条件是吸引人才、留住人才和激励人才的主要手段。例如，很多高校只关注某一学历层次人员的"稀缺度"，而按月发放的"××津贴"成为长期的激励政策，为此，这部分资金自然而然地进入了年度预算中。对于奖励机制要充分考虑其政策的合理对称性，更要注重管理学中的"海豚原理"，做到及时奖励，而不是时时奖励。奖励的着眼点应是"做出了什么"而不是"可以做到什么"，针对成果和结果进行及时奖励。例如，科技进步奖、突出贡献奖、重大发明奖、科技成果奖等，是可以考评的，有质级和量级的标准参照，而津贴类的激励资金缺乏结果或效果的依据，只是依托头衔或学位的期望，月月给予津贴发放，难以做出评价，易将激励变成福利。

2. 师资队伍建设性资金的绩效评价

师资队伍建设是高校永远的话题、永远的努力。访学、培训是提升教师素质能力的主要措施。用于此类业务的资金也就逻辑地永远的相对短缺，其使用效果评价也很重要。其实是针对出访（国内、国外）、交流、培训后的人员本身进行效果评价。例如，出访报告、汇报；培训结果汇报、学述报告；或以工作改革成效、产出产品等来反映效果评价。

3. 刚性支出与设备资产类资金绩效评价

高校一般刚性支出通常指水、电、暖支出费用，设备资产类通常指生产设备、实验设备等。水、电、暖等刚性支出费用的评价可以通过节能、节约来反向反映，而设备资产类支出可以通过设备的产出产能或使用率进行绩效评价。

4. 校园卫生绿化资金使用绩效评价

绝大多数高校的卫生绿化工作由本校后勤部门负责，每年度的卫生绿化费预算多采用定额的方式，而具体的各项支出很少论证或控制，最终的校园美化绿化效果也很少系统评价。对于高校绿化经费预算无论是本校后勤部门执行还是承包绿化公司执行，都应以每年年初的项目方案计划形式申报，便于论证各个项目支出的合理性，同时便于完成后的效果评价，项目申报中的目标结果即为评价依据。

第二节　高校财务预算绩效评价与激励机制

随着我国经济的飞速发展、教育改革的不断深入，社会对高校的关注度越来越高，对高校的要求也越来越高。作为关系到高校发展质量的财务预算管理得到普遍重视，很多高校也积极构建财务预算绩效评价与激励机制，确保财务预算管理充分发挥作用。由于各种因素的影响，在此过程中或多或少会遇到一些问题，所以高校必须不断探寻财务预算绩效评价与激励机制的创新途径。本节主要从绩效评价与激励机制的关系入手，简单探讨目前高校财务预算绩效评价与激励机制发展存在的问题，并结合实际情况提出合理的优化策略，希望为开展相关工作提供一定的借鉴。

一、激励机制与绩效评价的联系

高校开展绩效考核工作能够确保相关激励机制的合理科学，同时财务预算绩效评价的开展效果需要激励机制体现和完善，将两者进行有效的结合能够促进相关高校的进一步发展。

绩效评价一般指组织按照既定的标准采取合理的评价方法，并严格遵守评价流程对评价对象的工作业绩以及能力等进行定期或者不定期的考察评估。对高校的财务预算管理来说是对自身的办学成果和相关工作进行有效测评，便于高校管理者及时全面地了解其发展现状。相应的激励机制则对高校的发展既是投资也是成本，主要通过一定的奖惩措施充分激发员工的积极性与创造性，是保证相关工作高质量完成的重要手段。两者在高校的发展过程中联系紧密，激励工作的开展需要以绩效评价结果为依据，确保其公平客观，避免人为等因素造成失真和不公正现象。在开展绩效评价工作时，高校教职员工会因为避免惩罚、获取奖励而主动参与到日常工作中，保证其工作效率。管理层则制定更为有效的激励机制，充分发挥其管理职能，从而使相关高校的发展质量得到进一步提升，有利于其稳步健康发展。

二、高校财务预算绩效评价与激励机制发展存在的问题

（一）财务预算绩效评价与激励机制理念未深入人心

由于高校的特殊性以及传统思想的影响，其对财务预算绩效评价与激励机制相关工作的开展重视程度不够，甚至认为没有开展的必要。在实际工作中普

遍存在"重核算、轻实施、轻评估、轻考核"的现象。高校资金的使用与配置缺乏科学性，相关工作效果无法及时反映出来，难以发现其中存在的问题，难以约束相关人员的行为，从而制约了高校的发展进步。此外，由于高校忽视相应的激励措施，教职员工的积极性和参与度不高，使相关工作的顺利开展受限。同时，由于高校的财务预算工作长期是财务部门负责，致使其他部门认为该工作与自身无关，其注意力主要集中在争取得到更多资金上。再加上相应的绩效评价与激励机制并没有深入人心，相关约束机制缺乏，高校职工参与度不高，经费利用效率无法保证，财务预算工作质量低下，严重影响了高校的健康发展。

（二）财务预算绩效评价与激励机制体系不健全

健全的财务预算绩效评价与激励机制体系是相关工作有序开展的重要保障，但是，目前很多高校在该方面的体系建设还存在缺陷。由于我国高校财务预算绩效管理起步较晚、发展还不成熟，在具体的绩效评价和激励机制体系的构建上研究不是很深入，评价标准不明确，考核结果反馈机制缺失，考核方式过于简单，使考核评价流于形式，无法发挥出应有的作用。而且，部分高校没有配备相应的激励约束机制，致使预算执行效果无法与负责人的责任挂钩，各业务部门不能积极参与其中，影响财务预算的质量，不利于高校的高质量发展。

（三）财务预算绩效评价与激励机制信息化程度低

信息技术的发展为高校财务预算相关工作带来了发展契机，但是很多高校并没有将其有效利用起来，相关的绩效评价与激励信息化程度较低。目前部分高校已经意识到先进的信息技术对其财务预算工作的积极作用，也逐渐建立了绩效评价、激励机制等相应的信息系统，但是各系统间缺少有效的衔接渠道，互相间的信息传递受阻，在制定激励机制时无法及时获取相关的绩效评价结果，致使激励措施与实际脱节，绩效评价结果也难以反映，从而阻碍了财务预算管理的高效开展。此外，高校不能定期对相关系统进行维护升级，使相关系统无法适应不断变化的发展要求，相关工作效率大打折扣。

三、高校财务预算绩效评价与激励机制优化策略

(一)积极转变观念,重视财务预算的绩效评价与激励机制

只有对高校财务预算绩效评价与激励机制有足够的重视,才能促使相关工作顺利开展,所以高校必须积极转变观念,意识到财务预算的绩效评价与激励机制的积极作用。在实际工作中,高校应该将相关理念融入日常工作中,营造出"重绩效、评绩效、比绩效、重激励"的氛围,可以通过定期举办相关知识宣传讲座、开展文化专栏等手段,拓宽高校教职员工了解有关内容的途径,帮助其认识到绩效评价与激励机制的重要性,认清自身在工作中的职责与位置,确保相关工作的顺利开展。同时,高校还可以成立专门的财务预算管理机构,负责绩效评价原则、范围、指标、办法以及相应的奖惩措施等内容的制定,并对预算绩效等工作进行实时监督管理,确保高校全体员工的有效参与,保证财务预算工作的质量,推动高校的健康发展。

(二)完善财务预算体系,将绩效评价和激励机制有效结合

完善的财务预算体系能够为相关的绩效评价与激励工作保驾护航,所以高校必须加以重视,从财务预算绩效评价入手,构建一套既能约束职工行为又能有效激励职工的体系。首先,高校应该明确考核标准,对其人才培养、社会服务、科学研究以及文化传承进行合理的绩效评价,在此过程中应该充分结合学校实际,保证考核数据的真实全面。例如,N大学在确定财务预算绩效评价指标时采用层次分析原理,并结合其财务预算状况将具体的评价指标划分为以财务预算为代表的目标层,由筹资、教学、科研、发展组成的准则层以及由其他财务指标构成的指标层,使高校的财务预算绩效以递进的形式反映出来,使相关的绩效评价工作的开展更加顺利,考核结果也更加全面、精准,保证了财务预算绩效评价的质量。其次,应该完善反馈机制,及时整理、分析以及反馈评价结果,将评价中发现的问题反映给被评价的部门,便于其采取相应的改进措施,保证工作质量。最后,应该根据绩效评价结果制定科学的激励机制,将绩效评价的结果与职工的人事调动、奖金发放等切身利益挂钩,不仅能激发职工的积极性,促使其主动参与其中,还能有效提高其工作效率,使高校的财务预算执行更加有效,有利于高校

第七章 高校财务管理绩效评价体系的具体应用

的发展进步。

(三)构建信息交流平台,确保工作质量

财务预算绩效评价与激励工作的质量与其信息化建设联系紧密,所以高校必须将先进的信息技术应用到日常工作中,构建高效的信息交流平台。一方面,高校不仅要建设各个信息系统,还应该利用大数据等先进的技术将各系统进行有效对接,确保绩效评价结果与激励机制间信息的顺利传递,为相关决策提供准确全面的数据支持,保证其合理性和客观性,使财务预算工作水平进一步提高。另一方面,高校应该定期对有关信息系统进行维护升级,确保其有效性。可以聘请专业的技术人员检查系统中存在的漏洞,并结合实际情况进行处理,保证系统安全性,从而保障高校财务预算工作的顺利开展,推动高校的持续发展。

总之,高校财务预算绩效评价与激励机制的建立、完善是一项长期复杂的工作,有关高校必须足够重视,积极投身到具体工作中,及时发现其中的问题,并采取相应的改进措施。在实际工作中高校应该积极转变观念,重视财务预算的绩效评价与激励机制;完善财务预算体系,将绩效评价和激励机制有效结合;构建信息交流平台,确保工作质量,从而推动高校的健康发展。

第三节 高校预算支出绩效评价体系研究

高校财务预算是控制学校日常收入和支出的一个重要依据,是高校办学规模和发展的衡量依据,是高校财务管理的核心部分。本节以高校预算理论为基础,结合我国高校预算支出绩效评价体系存在的问题,探索适合我国国情的绩效评价方法,以加强高校预算管理、提高资金使用效率。

一、我国高校预算管理存在的问题

(一)预算内容不完整,管理未能发挥作用

我国高校资金的来源呈现多样化趋势,其下属的各院和其相关的下属部门通

过各种渠道获得的收入以及与之相关的支出往往没有及时纳入高校的相关预算中，从而使得预算脱离了相应的监督管理，进而导致高校的收入与支出没有一致的筹划与控制，无法真实客观地反映整体财务状况，造成了预算的不全面性。

(二)预算管理意识不明确，执行控制不力

近年来，我国很多高校在依据财经法规相关内容的基础上结合自身的实际情况制定了一系列加强其预算管理的规章制度，但是从目前执行的情况来看，高校在预算执行中存在随意办理重大支出，随意开口子、批条子，私自扩大开支范围、混淆开支渠道等现象，"内松外紧""局部反映"的使用方法依然存在，缺乏将预算责任落实到位以及科学理财的意识和责任，普遍存在着重视资金拨付数量、频繁追加预算、预算执行不力、缺少规范程序等问题，致使预算刚性不足、约束力不强、预算执行过程不严格。深究其中的原因，主要是高校的高管和相关的职能部门对年度工作的预见性不足，预算意识比较淡薄，不是很清楚预算的重要性。

(三)预算编制主体过于单一，资金的长期规划意识不足

高校财务管理按照"统一领导，集中管理"的模式运行，财务部门主要负责预算编制工作，依据上一年度的会计数据、遵循一定的预算方法确定年度预算。表面是根据上级确定的预算额度来编制预算报表，实际是依据高校各职能部门的情况进行增减变动，因此就会出现预算的具体执行与财务核算有差异的情况，造成对内预算与对外预算、会计核算与财务预算的"两张皮"的假象，削弱了预算管理的重要作用。

(四)预算缺乏科学的绩效考评体系

高校预算管理体系中一个重要的环节就是预算绩效考评工作，通过考评各职能部门的预算执行结果，有利于提高各项资金的使用效率，优化资源配置。而就目前来看，现行的高校预算管理缺乏合理有效的绩效考评体系，相关资金的使用也欠缺必要的考核、监督和评价，普遍只重视收入来源而忽视资金支出。我国的高校预算管理工作仍然只关注制定政策以及执行政策，极少高校对预算进行绩效考评，即使有相应的绩效考评体系也是形式上的考评，不是实际上的考评。同

时，对开支比较合理、节约经费的相关部门没有进行奖励，对一些超支部门也没有实施相应的惩罚，导致职工缺乏预算管理的积极性，预算绩效考核没有达到应有的效果。

(五)高校预算执行不能从实际出发，只考虑形式而不计效益

目前，我国的大部分高校在进行预算管理时都存在着"重总数、轻细目"的现象，编制的预算过于简单，并未进行全面的考虑与测算。另外，高校预算缺乏相对合理的定额标准体系，导致出现不合理地分配经费预算的现象，出现支出费用并没有对应科目匹配的情况，从而不能依据编制的具体的预算科目列支，使得资金的使用超出计划范围。

(六)预算过程的公开性、公正性以及民主性不足

一般而言，参与预算编制的只是一些与财务有关的工作人员，缺少专业的研究人员对高校发展和预算的关联性进行深入分析，特别是预算的编制和调整缺少来自基层的群众基础。由于相关的业务人员并不参与预算的编制，而编制预算的人对复杂的业务活动以及相关的变化情况了解不足，使得相关的研究缺乏准确性和关联性，导致支出的效益大大降低。

二、高校预算支出绩效评价体系

(一)我国高校预算支出绩效评价体系存在的问题

我国的高校财务绩效评价工作刚刚起步，关于财务绩效评价的激励和约束机制并没有建立健全，高校教育的投入、财政性资金和非税收收入资金的使用效率缺少一套科学合理的考核、监督和评价体系，财务绩效考评体系没有能够跟上高校教育改革和财政体制改革的步伐。相关问题具体如下所述。

1. 对评价体系的认识存在误区

到目前为止，我国关于高校预算支出绩效的考评还停留在以规模评价目标水平上。一直以来，我国高校的预算部门都秉持着"重投入、轻产出""重教研、轻管理""重使用、轻跟踪""重分配、轻监督"的资金管理理念，从而造成相关的绩效管理和评价缺失的严重后果。

2. 评价体系缺乏有力的法律支撑

目前在我国的制度环境和法制建设中,支撑高校预算支出绩效评价体系的内容近乎空白。预算支出绩效评价指标体系的应用缺乏法律和制度保障,具体实施绩效评价的政策、制度、办法和组织、协调措施尚处于探索阶段,相应的报告制度和评价结果监督制度等还未形成,高校教育约束和激励机制缺失等,以上各方面阻碍了绩效评价指标体系的实施,成为绩效评价指标体系深入开展的绊脚石,影响了绩效评价指标体系整体成效的发挥。

3. 评价体系缺乏完整的监督机制

作为现代监督的主流,绩效监督是财务绩效评价体系的重要机制。强制性的责任约束机制的缺位是目前高校绩效监督普遍存在的缺陷。因此,当前高校中存在的高校教育资金错位,专利权、著作权、声誉等无形资产流失以及教育资源浪费和利用率低等现象,根源在于责任机制中监督机制的缺位。

(二)建立高效的预算支出绩效评价体系的建议

1. 以点到面,从局部到整体

高校的预算支出绩效评价的实施,应先从个别省市的高校开始,或从高校内部的某一部门开始,以减少实施阻力。先以高校内部的某一部门为实施试点,在结合其功能和特点的基础上科学客观地分析该部门在高校财务预算中存在的问题,研究部门预算的改革和完善的方法,并尝试探索预算支出绩效评价实施的可行性以及具体的措施、步骤等。通过不断探索、不断总结经验并加以修正,为高校预算整体逐步向绩效评价发展创造条件。一旦试点改革取得成功,便制定相应的高校整体绩效评价的具体步骤和措施,等到内外部条件成熟时推行、实施。

2. 指标设置应具有普遍性,以具体使用为主

到目前为止,无论是国内还是国外,无论是相关财政部门还是学术研究者,对高校预算绩效评价指标都有一定的研究,对于绩效指标的设置也各有各的观点。笔者认为指标的具体设置应以各高校的自身预算情况为主,由高校自行设置,但大体框架还是财政部门下达的指标框架,即相关财政部门在设置绩效指标时不需要具体到每一个低级指标,只需考虑每个总的指标、规定大方向即可。

3. 建立健全责任制、奖惩制，保证绩效评价的有效实施

健全的责任制、奖惩制是高校及其内部各办学单位积极执行预算绩效的有力支撑。尽管责任制的定义已经明确，但高校资源的极大浪费、办学绩效低下的实际情况并没有被真正追究，从而导致责任者有恃无恐。因而为了有效推行绩效预算评价体系，除了在高校及高校内部树立投入产出、成本效益观念，还需要进一步建立健全责任制和严格的奖惩制，奖惩分明、责任落实到位，从而使各级单位和个人都能够真正地、切实地为高校资源的有效利用负责。

4. 注重绩效评价的反馈，使绩效评价的结果能够发挥作用

在现今高校预算支出绩效评价逐渐得到重视的情况下，从以往绩效评价执行的情况可以看出，预算绩效评价虽有实施，但其评价结果好似只是摆饰，并未得到有效的使用。因此，为了使绩效评价起到应有的作用，相关财政部门应该及时地将各高校预算的绩效评价结果形成评价报告反馈给各高校，并督促高校仔细研读报告，从中找出自身财务预算中存在的不足之处，加以改正。最后各高校还应将已改正的地方总结成报告，和原评价报告一起反馈给相关财政部门，一方面可以检验高校是否认真地研究了评价报告，另一方面可以作为存档，以备下一周期的调查、比较。

5. 重视高校内部预算改革，高于重视财政拨出改革

由于高校是高校预算支出绩效评价的主体，所以对于推行绩效评价而言，财政拨出体制只是一种外部的大环境，绩效评价的重点应是高校内部的预算体制，应进一步深化其管理体制的改革，完善高校财务的治理结构，建立相应的绩效管理机构，配备必要的人员，为预算支出绩效评价的实施创造有利的内部条件。

高校作为一种拥有公共资金的非营利组织，在市场经济中需要使用市场资源实现自身公共服务的目的。因此，在这种情况下加强对高校预算支出的绩效评价、构建科学合理的高校预算支出绩效评价体系成了提高高校资源配置效率的必要工作，高校预算支出绩效评价体系是市场经济条件下高校合理配置资源的客观需要，是强化增收节支效果、杜绝浪费、提高财务管理水平、推动高校各项事业可持续发展的必要条件。

第四节　高校绩效评级与财务管理的关系

我国在高校教育财务支出绩效评价工作方面还存在着很多问题,本节尝试对这些问题进行分析,重新构造一个以遵循财务原则为基础的高校财务绩效评价指标体系,以保证可以更加系统、准确地评价高校的业绩和运行效率,最终实现高校事业全面发展的目的。

一、构建以绩效评级为标准的高校财务管理模式的原因

(一)绩效评级可以很好地维护高校的财务绩效考核体系

高校的非营利性特点决定了高校工作具有一定的特殊性,并且其绩效考核一般是以培养人才和为社会做贡献为标准,所以无法量化。当前学校管理部门所开展的一些教学水平评估普遍局限于教学的设备仪器、图书、学科建设、招生就业等指标的投入,忽略了对高校财务管理的考核,所以需要构建一个以绩效评级为基准的财务管理模式,以求建立绩效考核体系来帮助高校的各部门形成财务管理绩效意识。

(二)建立以"绩效"为核心的预算模式,可以更好地完善预算管理体系

高校的财务预算普遍局限于经费使用方面,并没有全面预算的概念,所以预算可行性较低,从而很难反映出哪些是高校准备重点发展和支持的领域,并且在预算执行的过程中经常出现部分领导为了某种利益而对预算进行改动、乱批条子的情况,这也是导致预算失控的最主要原因,所以高校的全面预算在执行过程中困难重重,预算执行刚性不强,力度不够。只有健全预算考评制度,才能做到合理的预算编制、强而有力的预算执行,让资金的使用最优化。

二、如何通过绩效评级促进高校的财务管理工作的进行

(一)要让高校领导充分认识到绩效评级对于财务管理的重要性

高校财务管理绩效的评价直接受到高校领导对财务管理的绩效评级认识程度

的影响,所以作为高校领导应高度重视绩效考评工作,将绩效考评视为高校发展的"生命线",应当时刻保持思想观念的先进性,把高校的财务管理与高校的科研发展放在同一平台,然后以绩效评级为标准,努力实现高校财务管理绩效的最大化,清楚地认识到高校教学基础设施的投入、高校科研经费额度支出、高校的综合竞争力的培养都是围绕财务管理工作进行的。

(二)梳理绩效评级和责任意识

高校财务管理,最基本的任务就是实现资金的依法筹集和高效使用,并且要让资金的安全得到保障,为公众提供相关的财务信息以求得到公众的监督。针对这一需求,可以在高校的实际经济活动中对各个目标项目进行统一的领导、分级的管理,促使相关部门形成开源节流的意识,明确各个部门的经济责任,从而保证资金的使用效益可以得到最大程度的保障,让各个部门履行自己的责任,最终实现高校财务支出的成本和绩效的管理。

(三)围绕绩效评级构建全面预算管理体系

全面预算管理可以对资源配置和风险管理进行很好的控制,其在高校的内部控制中起到非常重要的作用。对全面预算的合理应用,有利于实现战略目标与经营绩效。通过对项目进行详细的分解,针对全面预算制定严格的预算结果,在制定预算的时候应当严格遵守量入为出、收支平衡的标准,然后在各个项目和各个环节对预算内容进行深化,从而让预算的事前控制作用得到充分的发挥,确保实际的业务活动的资金使用量与预算资金额度相吻合。

(四)根据时代发展构建一个适应现代化的财务管理信息系统

信息化时代的快速发展加速了高校财务管理的信息化进程,高校也越来越注重管理的集成和综合控制。尝试再造高校财务管理业务流程,实现高校财务全方位、多角度的管理,实现高校财务和业务的集成控制,让高校的财务管理实现充分共享、业务和财务的自动流转、协同处理远程传输等,全程监督高校财务管理中的预算、决算。

(五)提高个人素质水平及管理水平以实现财务管理绩效评级

由于时代的发展,高校财务管理的内容正在不断发生变化,迫使相关的业务流程也在不断改变，管理难度也在不断加大，所以需要加强财务管理队伍的培养和建设，以保证高校可以在新的形势下继续顺利运行。对于高校的财务管理人员的专业知识和专业技能的培训应当加强，安排会计人员学习新的会计知识，加强诸如部门预算、政府集中采购制度、国库集中支付制度等财政体制改革方面的知识培训。

（六）完善高校财务报告体系，凸显绩效评级

高校的财务报告体系，可以综合反映高校的发展和财务状况。由概况、会计报表和补充信息三个支撑部分构成的高校财务报告有助于高校绩效评价的确定，可以帮助高校合理地分配资源并且进行绩效评价，从而帮助高校财务构建一个健全的财务资产管理制度、报告制度、审批制度以及绩效考核制度等。通过对各个环节的控制实现预算支出绩效考核的控制，让收入和支出与绩效考核直接联系，最终实现高校财务的规范化、绩效化和透明化。

高校整体事业发展和资金使用状况良好，绩效考评工作方向正确、进展有序，以及高校党政、各级领导对绩效考评工作的重视，促使高校在整体绩效和相关项目效果上取得较好成绩。财政部对高校的绩效管理工作提出"五个强化一个严格"：强化绩效管理理念，强化预算编制，强化预算执行进度，强化项目资金管理，强化会计核算；严格执行财务制度。只有这样，才能进一步提高高校管理水平，把高校发展提升到新的高度。

第五节　高校固定资产管理绩效评价

在科教兴国战略方针的指导下，各大公立高校的教学环境、教学设施都有了进一步改善。国有资产数量和规模日益增长的同时，给各大高校国有资产管理绩效评价工作带来了不小的难度。为了进一步完善该项工作，本节以高校国有资产绩效评价的必要性为切入点，分析了现阶段各大公立高校国有资产管理存在的问题，并针对性地讨论了高校国有资产管理绩效评价体系构建的原则。

从我国高校教育事业发展的"大数据"看，在国家政策的扶持下，公立高校教学资产的规模和数量有了明显的提升。这一改变进一步推动了我国高校教育事业的发展，同时给高校国有资产管理工作带来了一定的压力。现阶段，各大高校国

有资产管理都或多或少都存在一些问题，集中表现为使用率不足、监管不到位、缺乏有效的资源配置等。为了尽快解决上述问题，应建立和完善高校国有资产管理绩效考评体系，高校需要结合自身实际做好相关工作。

加强资产管理，保证国有资产的安全与完整，是高校财务管理的一项重要任务。本节从高校固定资产管理绩效评价的必要性、构建原则、具体指标体系等方面展开探讨，构建一套操作性较强的固定资产管理绩效评价体系，包括三类八项定量指标和三类八项定性指标。

高校固定资产绩效评价是管理者依照预先确定的标准或指标以及规范的评价程序，运用科学的评价方法，按照评价的内容和标准对评价客体进行定期和不定期的考核和评价，并对组织的整体运营效果做出的概括性评价。概括性的评价必须具备系统性、战略性等要素，注重对各指标之间相互关系及其权重的确定，并采取客观、公正、科学、规范、全面的评价方法，准确、客观地将信息反馈给管理层，供其在管理和决策过程中使用。

一、高校固定资产管理绩效评价的必要性

（一）提高高校管理水平的内在要求

高校固定资产的管理是一个系统工程，固定资产的价值高、使用周期长、存放地点分散、管理难度较大，如何做到资源的科学合理配置和节约有效的运行维护是重中之重。高校固定资产管理的绩效评价是对高校固定资产的运营效果、运行状况等做出一个系统测评，以便获取固定资产综合运作的成绩和效果，目的是完善固定资产管理的各项规章制度，实施产权管理，明晰产权关系，以保障国有资产的保值和增值，推动资产的合理配置和高效利用，充分发挥其在办学效益中的重要作用。

（二）有助于核算高校人才培养成本及对高校的综合评估

随着市场经济的逐步完善，高校人才培养成本逐渐被提上议事日程。高校固定资产绩效评价体系的建立不仅有助于强化对国有资产的管理，还有助于对高校人才培养成本的核算以及对高校的综合考核与评估。高校固定资产绩效评价体系既要符合高校整体的办学方向，也应兼顾不同领域的专业特点，更应符合社会经

济发展对高校的客观要求。在新形势下，运用绩效评价加快高校改革和发展的步伐，注重投入和产出、成本和效益，不断探索适合高校自身发展的管理途径，有助于促进高校固定资产管理进入规格化、成熟化和科学化的新领域。

（三）有助于完善固定资产管理的约束和激励机制

目前，大多数高校对固定资产没有进行成本核算，也未对现有资产进行效益评估，导致固定资产综合使用率较低，造成许多项目重复建设和资源的闲置浪费现象。高校在政策制定、财政资金拨款等方面可以综合考虑各院系的固定资产绩效考评结果，对其进行相应倾斜，利用奖励先进、鞭策后进的手段，督促高校重视固定资产管理，实现其对高校的约束和激励功能。

二、高校固定资产管理绩效评价的内容

高校管理者对固定资产管理绩效评价进行分析，目的是考察高校整体发展是否处于良性循环，校内资产是否已经实现资源的优化配置和合理使用。高校固定资产管理绩效评价的内容如下所述。

（一）资产效果

固定资产效果主要是指人才培养的效果、教育科研成果及教育产业产出的数量和质量等，反映了高校服务社会和获取收益的能力。狭义的收益实际上也就是获取经费，广义的收益则包括社会捐赠、校友捐助、无形资产价值等各类收益。评价高校固定资产效果可以从高校通过政府获取拨款和自筹经费的活动能力来考察，可以从高校通过科研和技术开发、继续教育、委培教育、成人教育等手段获取经费的能力来考察，可以从高校兴办校办产业获取经费补充的能力来考察。

（二）体制规范

高校固定资产管理不但需要硬件条件，还需要如管理机制、制度建设、人文环境等软件支持。高校固定资产的监督激励机制和权力制约机制的缺失、国有资产管理重视程度不足、内部管理组织不健全成为影响高校固定资产绩效的制度性因素。对高校固定资产进行科学规范的绩效评价，首先要从思想上重视国有资产的管理，体制上建立必要的管理机构，强化内部管理水平的提升，健全高效的管

理团队。对高校固定资产绩效评价进行分析，要从高校管理者、资产使用者等组成人员方面考察思想上的重视程度，从制度建设、组织机构等方面考察体制机制的建立情况，从日常管理、操作流程等方面考察管理团队，从使用状况、运行状态等方面考察资产使用效率。

（三）影响评价

高校固定资产的公共属性决定了对其进行绩效评估必须考虑它在社会上的认同程度以及一定的社会影响。在对高校固定资产进行绩效评价时，可以参考同行认可度、学术声誉、外界吸引力等方面。同行认可度高，则说明高校固定资产管理在同类高校中属于领先水平，并被其他高校所认同和借鉴，反之，则处于落后的位置。学术声誉高，则说明高校固定资产在科学研究、人才培养等方面充分发挥了作用，为社会经济发展做出了突出的贡献，资产的利用效率高，赢得了良好的社会声誉，反之，则利用率不高。外界吸引力大，则说明高校科学规范的管理被社会、企业等组织所认可，树立了一定的品牌效应，反之，则品牌效应差。

三、高校固定资产绩效评价体系的构建原则

高校固定资产绩效评价是提高其资产使用效率、提升其人才培养和科学研究能力的重要途径。由于高校固定资产绩效评价的内容涉及众多方面，为确保绩效评价指标的科学性、合理性和系统性，应在资产绩效评价中坚持以下原则。

（一）定量指标和定性指标相结合原则

高校类型多种多样，固定资产的形态更是千差万别，这从某种程度上降低了资产的可比性。因此，在设计固定资产绩效评价指标时应遵循以下原则：以考核资产价值指标为主，同时辅助考核资产的实物状况等非价值指标。在进行评价指标设计时，既要对定量指标进行设计，也要顾及定性指标的考量。可量化的指标，需要用现有工具按照规定的内容进行测量；不可量化的指标，需要用定性的描述进行数据获取。如果定性的描述没有可测性，可以用可测的间接指标进行测量。

(二)可操作性原则

在构建固定资产绩效评价指标时,要充分考虑绩效指标是否具有可测性和可行性。可操作性指标要求指标数据可以通过高校近几年的财务报表和会计核算获得。如果在绩效评价中获取不到充足的信息或是获取途径不方便,无论该指标设计得如何好,也没有操作下去的必要了。

(三)共性和特性相统一原则

高校固定资产的绩效评价目标是提高高校固定资产的使用效益,推进高校的人才培养和科学研究。围绕这一目标,在设计绩效评价指标时,要兼顾高校之间、院系之间的共同特征和类型的特殊性。在对不同高校或院系的资产绩效状况进行评价分析时,要考虑高校固定资产的共性,建立统一标准的共性指标是必不可少的。同时,不同高校和院系的固定资产的特性又十分复杂多样,应充分考虑这个特点,设计能够反映某一类高校或院系及某一类专项资产绩效状况的特性指标。

参考文献

[1]侯玉燕,肖广华.高校财务绩效评价研究综述[J].嘉应学院学报,2022,40(4):34-38.

[2]李靖.关于高校财务绩效评价指标体系的构建策略探析[J].山西青年,2022(13):160-162.

[3]苏钰雅,杨冬云.基于层次分析法的高校财务绩效评价体系研究——以S高校为例[J].商业会计,2022(7):91-94.

[4]白璐.基于层次分析法的高校财务绩效评价模型构建——以S大学为例[J].教育财会研究,2022,33(3):34-42.

[5]李红民.高校财务绩效评价研究[J].教育财会研究,2008(6):19-22.

[6]王江丽,张建初.高校财务绩效评价的效能分析[J].苏州大学学报(哲学社会科学版),2010,31(3):121-124.

[7]刘诗芸.浅谈高校财务绩效评价[J].决策与信息(下旬刊),2009(10):84-85.

[8]唐华果.基于层次分析法的地方高校财务绩效评价研究[J].财会学习,2022(5):37-39.

[9]李飞凤.高校财务绩效评价SWOT研究[J].赤峰学院学报(自然科学版),2015(2):58-59.

[10]张健.高校财务绩效评价体系探析[J].行政事业资产与财务,2013(22):33-34.

[11]武晓瑜.高校财务绩效评价探析[J].行政事业资产与财务,2014(18):210-211.

[12]张文耀.基于层次分析法的高校财务绩效评价[J].西北大学学报(哲学社会科学版),2009,39(4):116-118.

[13]孙延华.高校财务绩效评价方法与应用研究[J].财经界,2020

(4):174.

[14]苗生珍.高校财务绩效评价可行性探究[J].行政事业资产与财务,2015(9):14,28.

[15]何桂娟.高校财务绩效评价探讨[J].现代企业教育,2014(4):45.

[16]唐英.高校财务绩效评价浅谈[J].行政事业资产与财务,2012(14):13—14.

[17]杨静媛.高校财务绩效评价探讨[J].中国管理信息化,2011(7):13—15.

[18]张凌燕.高校财务绩效评价体系初探[J].中国乡镇企业会计,2011(8):85—86.

[19]张利辉.基于层次分析法的高校财务绩效评价[J].商业会计,2014(19):81—82.

[20]姜佳美.高校财务绩效评价指标体系的构建[J].经济研究导刊,2014(35):103—104.

[21]倪蕊.高校财务管理[J].佳木斯职业学院学报,2016(4):461.

[22]李江疆.高校财务管理信息化探索[J].现代经济信息,2022,37(26):80—82.

[23]来臣军,赵莉,贾飞宇.区块链技术在高校财务管理的应用[J].商业会计,2022(9):94—96.

[24]施冕.高校财务管理内部控制的探讨[J].当代会计,2022(4):57—59.

[25]穆沐.高校财务管理的改革实践与思考[J].技术与市场,2022,29(7):170—173.

[26]张翠青.高校财务管理流程优化问题研究[J].商业会计,2022(7):95—98.

[27]刘武,董瑶.高校财务管理问题与对策探析[J].安康学院学报,2022,34(1):113—116.

[28]杨怡萌.高校财务管理存在的问题及优化探究[J].商业会计,2022(14):105—107.

[29]刘维.高校财务管理存在的问题及其对策[J].经济研究导刊,2022(26):111—113.

[30]李秋萍.高校财务管理服务职能定位研究[J].行政事业资产与财务，2022(13)：91—93.

[31]吴斌.内部控制视角下高校财务管理分析[J].当代会计，2022(7)：37—39.

[32]陈思琪，杨富杰.内部控制视角下高校财务管理探讨[J].当代会计，2022(4)：23—25.

[33]赵晨.财务共享理念下的高校财务管理转型研究[J].财讯，2022(16)：163—165.

[34]任立英.论高校财务管理制度的建设与创新[J].当代会计，2022(15)：67—69.

[35]骆芫.数字化平台助力高校财务管理转型[J].国际商务财会，2022(9)：88—92.

[36]李培雪.高校财务管理信息化建设研究[J].经济师，2022(9)：73—74.

[37]李欣.财务共享模式下的高校财务管理转型研究[J].品牌研究，2022(21)：245—248.

[38]帅毅.高校财务管理目标的转变及实现路径[J].财会学习，2022(12)：25—27.

[39]郭珊珊.我国高校财务管理改革与创新的思考[J].财经界，2022(17)：80—82.

[40]娄熙多.高校财务管理常见问题[J].合作经济与科技，2021(11)：178—180.

[41]李亚东.高校财务管理信息化研究[J].行政事业资产与财务，2021(4)：113—114.

[42]范书平.论高校财务管理内部控制[J].财讯，2021(27)：161—163.

[43]熊一心.区块链技术在高校财务管理中的应用[J].合作经济与科技，2022(24)：122—123.

[44]边丽丽.高校财务管理制度的优化对策探析[J].财经界，2022(3)：107—109.

[45]徐红慧.管理会计在高校财务管理中的应用研究[J].中国市场，2022(2)：157—158.

[46]吴晓艳.探讨全面预算在高校财务管理中的难点[J].品牌研究，2022(20)：201－204.

[47]陈能华，张真学，冯玉林.高校财务管理的任务[J].西南师范大学学报（自然科学版），2000，25(1)：107－110.

[48]马媛媛.高校财务管理刍议[J].长江大学学报(社会科学版)，2013，36(6)：70－71.

[49]邹瑞山.高校财务管理浅议[J].中国经贸，2011(18)：242－243.

[50]许晓凤.再论高校财务管理[J].中国科教创新导刊，2009(13)：218－219.